DR C. PASCAL

La

Démence Précoce

Félix Alcan Éditeur

LA

DÉMENCE PRÉCOCE

LA

DÉMENCE PRÉCOCE

ÉTUDE PSYCHOLOGIQUE
MÉDICALE ET MÉDICO-LÉGALE

PAR LE

Dr CONSTANZA PASCAL

Médecin des Asiles publics d'aliénés.

————

PARIS

LIBRAIRIE FÉLIX ALCAN

ANCIENNE LIBRAIRIE GERMER BAILLIÈRE ET Cie

108, BOULEVARD SAINT-GERMAIN, 108

—

1911

LA
DÉMENCE PRÉCOCE

INTRODUCTION

Parmi les psychoses de la jeunesse, la démence précoce, en raison de sa gravité et de sa fréquence, occupe le premier plan.

Les travaux modernes tendent de plus en plus à prouver que cette psychose est une affection autonome à évolution spéciale, et qu'elle doit tenir une place tout aussi importante que la paralysie générale dans le cadre des maladies mentales.

La démence précoce intéresse non seulement les aliénistes, mais encore les psychologues, les éducateurs, les magistrats et les médecins praticiens.

Par ses lésions mentales elle réalise de véritables dissections qui permettent d'étudier à l'état isolé les éléments essentiels de la vie psychique. Les troubles des sentiments, des émotions, de la mémoire, etc., conduisent au seuil des problèmes les plus difficiles de la psychologie : mémoire affective, états neutres, loi de régression de Ribot, etc.

L'apparition fréquente de la démence précoce pendant la période des études (enfance, puberté, adolescence), expose les éducateurs à de nombreuses méprises. La plupart de ces jeunes malades sont confondus avec les enfants anormaux ou considérés comme vicieux, mal élevés, paresseux, entêtés, etc., ils deviennent l'objet de corrections et de peines disciplinaires.

Souvent, la démence précoce s'attaque à ces élèves brillants qui font l'orgueil des parents. Après avoir donné les signes d'une intelligence pleine de promesses, ils n'apprennent plus rien ; ils deviennent incapables d'évoluer, d'acquérir des connaissances nouvelles et de se plier à un travail régulier.

Ces troubles de l'activité intellectuelle, des « facultés d'application » ne sont plus du ressort de la pédagogie, mais de celui de la médecine ; ils donnent le signal d'alarme de la démence précoce.

L'affaiblissement mental de cette psychose juvénile crée un terrain fertile pour la germination des troubles immoraux, des délits et des crimes. Malgré les caractères morbides des actes médico-légaux, les déments précoces sont nombreux dans les prisons. On les trouve dans les maisons centrales, les colonies pénitentiaires d'enfants, les maisons de préservation et dans les lieux de détention militaire.

Ces « aliénés méconnus » passent souvent pour des « simulateurs ».

Les erreurs judiciaires et médicales seraient faciles à éviter si l'on attirait plus souvent l'attention des magistrats, des médecins légistes et des médecins militaires sur la fréquence des troubles moraux dans la démence précoce.

Enfin, tous les médecins qui sont appelés à diagnostiquer prématurément la démence précoce doivent connaître les réactions qui portent le cachet de l'affaiblissement mental.

La période prodromique, les formes frustes, la démence simple évoluent le plus souvent en dehors des asiles.

On rencontre ces déments précoces à affaiblissement mental léger soit parmi les « excentriques » et les « originaux », soit parmi les neurasthéniques, les hystériques, les épileptiques, etc., qui ont usé tout l'arsenal thérapeutique et ont fait maintes fois le désespoir des spécialistes.

Ces faits nous montrent que l'étude de la démence précoce est de la plus haute importance, au point de vue clinique et social.

L'histoire de la démence précoce remonte seulement à douze ans.

C'est à Kraepelin (1899) que revient l'honneur d'avoir groupé, en une entité morbide, les démences vésaniques et un grand nombre d'états dépressifs, maniaques, confusionnels, stuporeux, hystériformes, délirants polymorphes ou mal systématisés qui ne trouvaient place dans aucun cadre précis.

Le grand mérite du professeur de Munich est d'avoir démontré que ces états morbides, en apparence distincts, ont la même évolution et le même pronostic, le même mode de début et de terminaison et qu'ils sont les manifestations aiguës d'un affaiblissement mental spécial : *la démence précoce.*

Les faits cliniques correspondant à la démence précoce de Kraepelin ont été entrevus en France par Pinel, Esquirol, Delasiauve, Morel, Moreau de Tours, Falret, Baillarger, Magnan, etc., mais ils sont restés dispersés dans des groupements nosologiques divers.

Morel (1858) *créa le terme de démence précoce,* décrivit d'une façon remarquable les symptômes essentiels de la catatonie : nihilisme, catalepsie, stéréotypies, indifférence émotionnelle, disparition des sentiments de famille, explosions de rire, etc., et indiqua l'évolution fatale vers l'affaiblissement mental.

La démence précoce catatonique a donc fleuri sur le sol français comme la paralysie générale, les psychoses circulaires, les délires chroniques. Malheureusement, elle n'a produit de végétations luxuriantes qu'à l'étranger.

A l'époque où Morel traçait le tableau clinique de la catatonie, l'esprit des aliénistes était attiré par les nouvelles idées sur l'hérédité et par la conception de la dégénérescence.

La démence précoce de Morel passa inaperçue et elle disparut dans le chaos des folies héréditaires. Tantôt on l'assimila à un stigmate tardif de dégénérescence, tantôt on lui préféra le nom d'imbécillité, d'idiotisme, de stupidité, etc.

En Allemagne, Kahlbaum signala, en 1863, l'existence d'une psychose de la puberté à laquelle il donna le nom d'hébéphrénie et décrivit, en 1874, la catatonie.

Son élève Haeker reprit en 1871 l'étude de l'hébéphrénie et montra les caractères essentiels de l'affaiblissement mental.

Le grand tort de Kahlbaum et de Haeker est d'avoir décrit la catatonie et l'hébéphrénie comme des affections distinctes, ayant chacune son autonomie.

Malgré la magistrale description des troubles psycho-moteurs, la conception de Kahlbaum n'eut pas plus de chance en Allemagne que les idées de Morel en France. L'hébéphrénie et la catatonie se perdirent dans le gouffre de la confusion mentale, des délires aigus hallucinatoires, de l'hystérie, de la paranoïa aiguë, etc.

Ce court aperçu historique a pour but de montrer les origines de la synthèse de Kraepelin.

L'éminent professeur de Munich s'est inspiré largement des travaux de Morel, de Kahlbaum et de Haeker, mais son œuvre est une construction nosologique nouvelle, et non une « résurrection ».

La démence précoce de Kraepelin est une vaste synthèse où se fondent et se confondent la stupidité de Morel, la catatonie et l'héboïdophrénie de Kahlbaum, l'hébéphrénie de Kahlbaum et de Haeker, les démences vésaniques, la paranoïa aiguë, les délires polymorphes des dégénérés et les délires systématisés hallucinatoires.

La conception de Kraepelin est basée sur l'évolution et le pronostic du processus morbide. Depuis Hippocrate, cette méthode a servi de guide pour toutes les classifications rationnelles, et son application a exercé une influence heureuse sur nos meilleures conceptions médicales.

Si elle n'a pas été appliquée plus tôt à la démence précoce, c'est à cause de la longue évolution de cette affection ; sa durée est illimitée, elle embrasse toute la vie du malade. On comprend ainsi pourquoi Morel, Kahlbaum et Haeker n'ont vu que des symptômes et des syndromes et non la maladie.

Certains auteurs ont reproché à Kraepelin d'avoir fondé sa conception sur le mode de terminaison de l'affaiblissement mental. Cette objection mérite d'être relevée.

En effet, la diversité des lésions rend impossibles le rapprochement et la comparaison des « états terminaux ». Le processus morbide n'a pas de cran d'arrêt définitif, il est susceptible de s'immobiliser à toutes les phases de sa marche descendante. Dans la démence précoce il n'y a pas, à proprement dire, de période terminale, il n'y a que des *résidus variables*. Mais quel que soit le degré de l'affaiblissement mental, c'est dans ces « résidus » qu'on trouve les traces des caractères fondamentaux de la démence précoce. La synthèse du professeur de Munich repose sur l'étude de ces « résidus ».

Malgré les nombreuses critiques, il reste établi que c'est lui qui a su dégager l'unité morbide de la démence précoce.

Kraepelin a fait pour la démence précoce ce que Bayle avait fait pour la paralysie générale : il l'éleva au rang des entités morbides.

Les idées de Kraepelin pénétrèrent en France grâce aux travaux de Sérieux.

En 1900, cet auteur fit un résumé de la démence précoce dans un exposé de la classification de Kraepelin.

En 1901, dans une communication faite à la Société de médecine de Gand, il apporta le résultat de ses recherches personnelles et montra « quelles précieuses indications peut fournir la conception de la démence précoce au diagnostic et au pronostic des maladies mentales ».

Les travaux de Sérieux marquent une date dans l'histoire de la démence précoce.

En 1899, Christian avait publié une excellente étude sur la démence précoce, mais il n'eut en vue que la description de la forme hébéphrénique.

Séglas, Masselon, Deny et Roy, Dromard, Dide, etc., contribuèrent à acclimater, en France, les idées de Kraepelin. Mais c'est au Congrès de Pau que le problème de la démence précoce fut abordé de front. Deny, dans un rapport remarquable, dressa l'acte mortuaire des démences vésaniques, et fit une critique pénétrante de la théorie de la dégénérescence.

A partir de cette époque, l'histoire de la démence précoce se divise en deux périodes : *période de discussions et de critiques* et *période de recherches.*

Pendant la première période, on s'attardait à faire de la « philologie » et on avait oublié d'étudier et de contrôler les faits. On a critiqué le substantif « démence » et l'adjectif « précoce » et on a cherché des termes plus précis pour désigner cette affection. Les uns ont voulu l'appeler la maladie de Morel, d'autres, la maladie de Kraepelin. Enfin, on s'est adressé à la sémiologie et à la psychologie pour trouver une désignation plus adéquate. La démence précoce fut appelée tantôt démence « séjonctive » (Gross), schizophrénie (Wolff), démence paratonique (Bernstein), ataxie intrapsychique (Strausky, Urstein, etc.), tantôt psychose akinétique-parakinétique (Wernike), etc., etc.

Il est vrai que le terme démence précoce n'est pas très heureux[1]. Comme nous n'avons pas d'au-

1. Certaines démences juvéniles (démences toxiques, organiques, paralysie générale, etc.) sont « précoces » non seule-

tres moyens pour exprimer nos idées que de les enfermer dans des mots, il y a tout intérêt à préciser les termes que nous employons. Malheureusement il est plus facile de critiquer un mot que d'en proposer un meilleur. Dans les discussions on a trop exagéré la portée de cet inconvénient. En psychiatrie, nous sommes un peu habitués aux « mauvais mots ». La paralysie générale, l'hystérie, etc., éveillent des associations d'idées fort éloignées de ce qu'elles représentent.

Actuellement la démence précoce a pris place dans le langage de la psychiatrie.

La *période de recherches* a été riche en heureux résultats. La littérature psychiatrique s'enrichit chaque jour d'un nombre incalculable d'observations intéressantes et de monographies portant sur la psychologie, la clinique, la médecine légale, l'anatomie pathologique, la chimie biologique, etc.

La vaste conception de Kraepelin a provoqué des critiques et des réflexions intéressantes. Elle a été plus évolutionniste qu'une conception étroite et limitée.

Les idées de Kraepelin ont rayonné dans tout le monde scientifique, elles se sont répandues même là où elles se sont trouvées le plus contestées.

Le problème de la démence précoce est bien loin d'être résolu mais il est mieux posé par les recher-

ment par rapport à l'âge du malade mais encore par rapport à celui de la maladie.

ches récentes qui ont le mérite de mettre en lumière
ce qu'il y a d'« imprécis » et d'« exagéré » dans la
conception de Kraepelin.

La notion de la guérison, les limites de la démence précoce, les rapports de la démence paranoïde avec les délires chroniques hallucinatoires, la
pathogénie, l'étiologie, le rôle de l'hérédité et de la
dégénérescence, etc., ont été l'objet de travaux
intéressants.

Nous résumerons les recherches les plus importantes dans les chapitres qui suivent.

Dans cet ouvrage nous nous sommes proposé de
montrer que l'on peut actuellement diagnostiquer
la démence précoce à toutes les phases de l'évolution, et porter le pronostic qu'elle comporte.

Beaucoup de médecins, même ceux qui ont adopté
les idées de Kraepelin, s'expriment encore d'une
façon confuse lorsqu'il s'agit de préciser l'évolution
de l'affaiblissement démentiel. Les uns disent : le
malade « tourne » ou « verse » dans la démence
précoce, les autres : la maladie s'est « terminée » ou
a « abouti » à la démence.

Ces expressions marquent l'hésitation de l'évolution des idées. La plupart des auteurs ne peuvent
pas encore renoncer à l'idée que la démence précoce est une complication, un aboutissant. Si cet
« essai » sur la démence précoce contribue si peu
que ce soit à bien montrer les caractères, les reliefs.

les nuances de l'affaiblissement mental et surtout sa précocité, il aura atteint son but.

Dans notre description, nous n'avons envisagé que les cas qui sont faciles à étiqueter avec précision et les faits relevant de l'affaiblissement mental spécial à la démence précoce. Nous avons éliminé toutes ces formes « limitrophes » se confondant, les unes avec les délires hallucinatoires chroniques, la paranoïa, etc., les autres avec le vaste groupe des démences anté-pubérales, pubérales, juvéniles (démences toxiques, épileptiques précoces, organiques, etc.).

Pour pouvoir nous étendre davantage sur les questions essentielles encore en « litige » de la démence précoce, nous avons laissé de côté l'historique et la bibliographie.

La terminologie allemande vague et inféconde a amené tant de confusion dans les idées que nous avons trouvé utile de préciser la signification des termes « affaiblissement mental », « affaiblissement intellectuel », « affaiblissement démentiel ». Après ces considérations générales, nous aborderons l'étude analytique de l'affaiblissement démentiel et l'étude synthétique du processus morbide qui nous permettra de considérer dans une vue d'ensemble l'évolution de la démence précoce.

Mais tout d'abord, cherchons à donner une définition détaillée de la démence précoce.

« La définition idéale, dit Taine, serait l'étiquette collée sur un ensemble de faits propre à les faire reconnaître entre tous. »

En médecine et en psychiatrie particulièrement, les données de nos observations sont trop incomplètes pour qu'on trouve celle qui révèle la qualité principale. En outre, la signification de la vérité scientifique ne réside pas seulement dans la clarté des faits, mais dans la pénombre et les perspectives fuyantes qui les environnent.

Un phénomène morbide ne forme pas un tout ordonné, ayant une unité. L'observation clinique nous apprend que ces phénomènes ne sont jamais isolés et qu'ils se prolongent dans tous les sens. L'anatomie pathologique donne la main à l'étiologie et à la pathogénie, la clinique se confond avec la psychologie, etc.

La médecine a pour but de chercher les rapports qui lient ces phénomènes et la façon dont ils sont assemblés.

Dans chaque maladie, une idée directrice régit le groupement des faits. Lorsqu'on a trouvé cette idée, on a révélé la qualité principale d'où dérivent les autres.

Dans la démence précoce, l'idée directrice a sa source dans la pathogénie, l'étiologie et la sémiologie. Les phénomènes qui la représentent constituent le groupe des caractères essentiels.

CARACTÈRES ESSENTIELS

1° La démence précoce est un processus toxique, de natures péciale, qui lèse gravement et irrémédiablement le tissu neuro-épithélial.

2° La démence précoce est une maladie de la jeunesse et son apparition coïncide fréquemment avec les crises de la croissance : puberté et adolescence.

3° L'affaiblissement mental de la démence précoce est un affaiblissement démentiel, une altération avec déficit.

Son élément spécifique réside dans la *précocité des lésions affectives*. Ces altérations sont constantes et prédominantes. La démence précoce est surtout une démence émotionnelle, un affaiblissement affectif. L'*être sentant disparaît avant l'être pensant.*

SYMPTÔMES SECONDAIRES

Les symptômes secondaires relèvent de l'affaiblissement affectif et de l'intensité du processus toxique.

Parmi les plus importants, nous distinguons :

a) Défaut de parallélisme entre les troubles de la mémoire et ceux de l'affectivité ; apparition plus tardive et caractères moins accusés des troubles de la mémoire et de l'intelligence.

b) Troubles de la volonté : aboulie, incapacité

d'effort et fréquence des phénomènes dyspraxiques.

c) Prédominance de l'activité automatique.

d) Intensité et permanence des phénomènes cata-toniques.

e) Signes physiques en rapport avec le degré d'imprégnation toxique. Ils ne compromettent que rarement l'intégrité de la vie somatique.

SYMPTÔMES ACCESSOIRES

Ces symptômes sont représentés par les troubles psycho-sensoriels. Leur caractère principal réside dans le contraste qui existe entre l'intensité de l'activité délirante et hallucinatoire et celle des états affectifs.

CHAPITRE PREMIER

CONSIDÉRATIONS GÉNÉRALES SUR LES DÉMENCES

AFFAIBLISSEMENT MENTAL. AFFAIBLISSEMENT PSYCHIQUE.
AFFAIBLISSEMENT INTELLECTUEL. AFFAIBLISSEMENT
DÉMENTIEL

La conception de Kraepelin a ranimé les discussions psychiatriques et présenté à l'examen une
foule de questions nouvelles. Elle a posé le problème du diagnostic de la démence avec l'affaiblissement mental dont l'importance est très grande
tant au point de vue nosologique qu'au point de vue
du pronostic des maladies mentales. C'est actuellement une des questions les plus difficiles et le plus
controversées de la psychiatrie.

Les Allemands distinguent d'une façon très précise
l'affaiblissement intellectuel (Schwachezustande) de
l'abolition des facultés mentales (Blödsinn). Par
contre, ils donnent une signification très vague au
terme « dementia ». Tantôt ce terme est synonyme
d'affaiblissement intellectuel, tantôt il se confond
avec le Blödsinn. La plupart des auteurs allemands
considèrent la « dementia precox » comme un

état d'amoindrissement mental et non comme une dissolution psychique.

En France, depuis Esquirol, la démence sert à désigner le stade ultime de la déchéance intellectuelle. Cette conception est trop restreinte, elle ne s'applique qu'à un nombre limité de cas. D'autre part, elle ne tient pas compte de toutes les phases de l'évolution du processus morbide.

L'étude de la paralysie générale, de la démence sénile, etc., nous a montré que la démence peut faire partie intégrante de l'affection, qu'elle se manifeste dès le début, d'*emblée,* à titre de symptôme primaire, fondamental, imprimant des caractères particuliers aux autres phénomènes morbides et s'accentuant en raison même des progrès de la maladie.

Le dément paralytique de la période de dynamie fonctionnelle n'est-il pas différent de celui de la période terminale dont la vie psychique est réduite à quelques réflexes ?

Seule, l'évolution du processus morbide peut nous faire connaître les différentes étapes de l'affaiblissement mental.

Mais l'étude des altérations mentales est inséparable de la psychologie normale.

Dans la pathologie du corps, l'appréciation des insuffisances ou des déficits fonctionnels d'un organe exige la connaissance des phénomènes physiologiques qui assurent son intégrité.

Il en est de même en psychiatrie. On ne peut étudier les insuffisances et les déficits psychiques sans prendre en considération les lois fondamentales qui règlent l'activité mentale normale.

Depuis que la psychologie a déblayé son terrain des fantômes métaphysiques, elle est devenue une science plus positive. Elle a exécuté des recherches, emprunté des faits d'observation à la clinique mentale, entassé des matériaux précieux, acquis des notions qui ont actuellement leur place et leur signification dans la science. Elle possède des données qui sont indispensables à l'analyse des phénomènes morbides.

Pour la clarté de notre étude nous ferons quelques digressions psychologiques. Ces digressions nous paraissent tout aussi utiles que les connaissances d'anatomie et de physiologie dans l'interprétation d'un trouble physique.

Personnalité. — Tout fait psychique est un système ou une synthèse d'éléments plus ou moins coordonnés. La personnalité est le vaste système qui embrasse tous les éléments psychiques, psycho-organiques, conscients, demi-conscients, inconscients ; elle est la synthèse de toutes les synthèses. *Les lois de la psychologie sont les lois de la personnalité ; les infractions à ces lois constituent les troubles psychiques ; les maladies mentales sont les maladies de la personnalité.*

PASCAL.   2

Un des plus grands progrès de la psychologie scientifique, c'est d'avoir démontré que la personnalité n'est pas une entité mais une résultante. Son domaine est illimité.

Les connexions qui l'unissent au système nerveux jouent un rôle important dans la formation de ses éléments. Dans cette région psycho-organique, naissent les perceptions de notre corps, la conscience affective, le sentiment vital. Cette conscience affective obscure mais réelle, connue encore sous le nom de cénesthésie, est la forme matérielle de notre subjectivité, elle est la base physique de la personnalité.

C'est à Ribot que revient l'honneur d'avoir montré l'importance de cette conscience affective et mis en évidence sa valeur dans la genèse des phénomènes morbides. « C'est l'organisme et le cerveau, dit-il, sa représentation suprême, qui est la personnalité réelle contenant en lui les restes de tout ce que nous avons été et la possibilité de tout ce que nous serons. Le caractère individuel tout entier est inscrit là avec ses aptitudes actives et passives, ses sympathies et ses antipathies, son génie, son talent et sa sottise, ses vertus et ses vices, sa torpeur ou son activité, ce qui en émerge à la conscience est peu au prix de ce qui reste enseveli quoique agissant. La personnalité consciente est une faible partie de la personnalité physique. »

Sur le sol organique de la personnalité et de la fusion des énergies sensitivo-motrices, sensorielles et cénesthésiques naissent les matières premières de l'édifice psychique, les tendances. Ces éléments sont les uns *instables*, les autres *stables*.

Les *tendances instables* ou agissantes se combinent et forment les images et les représentations qui s'organisent en états intellectuels, affectifs et moteurs de plus en plus complexes. L'intelligence, la volonté, les sentiments esthétiques et moraux ne sont que le résultat complexe d'une série continue de réactions et de combinaisons ; ce sont ces éléments toujours prêts à se décomposer qui élèvent l'édifice psychique jusqu'au dernier terme de son évolution, jusqu'aux points culminants de l'aperception où naît la raison et s'associent les abstractions. Les tendances actives, c'est le *moi dynamique*, le réseau en voie incessante de formation et de devenir dont le jeu continu représente l'activité psychique. Lorsque ce groupe de tendances aborde le rivage de la conscience, il constitue l'état psychique prévalent, qui est pour l'individu et pour les autres sa *personnalité consciente*.

Les *tendances stables* sont les tendances qui ont agi et se sont transformées en idées, en actes, etc. ; elles reposent sous la forme de souvenirs dans la mémoire. C'est le réseau solide, la trame de notre vie psychique, le fondement unique de notre identité personnelle. L'ensemble de ces tendances

constitue le « *dedans stable* » de Taine ou le mo
statique des psychologues contemporains.

Quel que soit le degré de complexité mentale, la
personnalité est toujours constituée par les mêmes
éléments essentiels : *la constitution du corps avec
les tendances et les sentiments qui la traduisent e.
la mémoire* (Ribot).

Lois psychologiques. — Les éléments de la personnalité sont soumis à des lois qui indiquent leurs
rapports essentiels. On les retrouve dans toutes les
manifestations de la vie psychique, les sentiments,
les idées, la volonté, etc. A côté des lois générales
il y a des lois particulières. Les lois générales les
plus importantes sont : *l'évolution et la dissolution,
l'adaptation (loi de l'intelligence de H. Spencer),
la loi de relation et la coordination.* Ces lois sont
les plus larges que les recherches de la biologie
aient mises au jour. Elles s'appliquent à tous les
phénomènes vitaux : organiques et psychiques. Elles
règlent l'activité mentale et assurent son harmonie
fonctionnelle comme elles règlent l'activité organique et assurent son intégrité. C'est par ces lois
générales que l'esprit se rattache à l'organisme et
la psychologie à la physiologie.

Nous montrerons l'importance des lois d'adaptation, d'évolution et de dissolution au chapitre des
troubles de l'activité intellectuelle.

L'étude de l'affaiblissement mental repose principalement sur les lois de relation et de coordination. Ces deux lois président à la synthèse mentale dont l'activité domine toutes les manifestations psychiques.

Lois de relation et de coordination. — Dans une personnalité arrivée à son développement complet, les éléments qui la constituent ne sont pas distincts ; ils se fondent les uns dans les autres, ils sont solidaires et complémentaires.

Un état de conscience n'existe que par rapport à celui qui le précède, bien plus il est fonction de tous les autres et du moi tout entier.

Chaque élément est à la fois un et multiple. « De même que le corps vivant, dit Taine, est un polypier de cellules mutuellement dépendantes, de même l'esprit agissant est un polypier d'images mutuellement dépendantes, et l'unité de l'un comme de l'autre n'est qu'une harmonie et un effet. »

Nous ne pouvons connaître un phénomène psychique que par les relations de ses éléments entre eux, par ses relations avec d'autres phénomènes et avec notre personnalité. De ces relations naît la force de cohésion, de coordination, de synthèse qui maintient ensemble les éléments psychiques, les réunit en un faisceau et fait qu'ils apparaissent à une seule conscience et non à plusieurs. Ce lien intérieur, cette synergie générale donne le sentiment d'unité de la personnalité, l'*idée* du *moi*.

Tous les phénomènes influent sur la coordination, mais l'affectivité avec ses tendances, la volonté, l'attention constituent les plus grandes puissances de cohésion. Elles règlent le *tonus psychique* et donnent à l'activité intellectuelle des qualités de lucidité, de souplesse, d'unité et de suite ; elles contribuent à l'enrichissement de l'esprit et au déploiement de toutes les facultés.

La coordination est le phénomène le plus important de la vie mentale : c'est vers elle que tendent les modifications incessantes de l'activité psychique. Il en résulte que la personnalité est la vaste synthèse où se fondent les phénomènes les plus contradictoires et les plus disparates.

La plupart des auteurs confondent la coordination avec l'association des idées. Ces deux phénomènes sont tout à fait distincts. L'*association des idées est une activité restreinte* qui ne peut reproduire que des systèmes déjà construits autrefois. C'est une *synthèse partielle* et limitée due au jeu libre des affinités des représentations.

La *coordination est une activité plus vaste,* elle forme des groupes nouveaux de phénomènes et préside à l'adaptation, à la systématisation, à l'évolution, au perfectionnement, à l'harmonie des éléments psychiques.

Le processus de liaison qui existe dans l'association des idées est une *addition* plus ou moins complexe ; le processus de synergie de la coordination est une *fusion* d'éléments en un tout nouveau, différent de ces éléments mêmes.

Dans l'activité mentale, l'association et la coordination travaillent ensemble à l'œuvre de systématisation. Les idées s'additionnent et se combinent en des groupements distincts, simples ou complexes. Le jugement et le raisonnement sont des associations d'idées coordonnées ; la synthèse personnelle dirige les rapports des idées.

Affaiblissement mental. Affaiblissement démentiel. — La coordination, l'unité synthétique, l'harmonie, tel est le but de la personnalité consciente. Ce but est rarement atteint. L'harmonie absolue est une réussite ; on la trouve seulement dans les chefs-d'œuvre. L'homme de génie n'est pas constamment une coordination parfaite, son clavier psychique émet souvent de fausses notes.

« Le moi est une coordination, dit Ribot, il oscille entre ces deux points extrêmes où il cesse d'être : l'unité pure, l'incoordination absolue. Tous les degrés intermédiaires se rencontrent, en fait, sans démarcation, entre le sain et le morbide, l'un empiète sur l'autre. »

A chaque moment notre centre de gravité se déplace. Les fluctuations de l'énergie mentale, les combinaisons incessantes modifient fréquemment la concentration et la puissance de la force de cohésion. *L'incoordination traduit le moindre malaise de la vie psychique.* La fatigue, les émotions-chocs (chagrin, colère, peur, etc.) créent des discontinuités qui diminuent la synthèse mentale. Ce sont ces états d'incoordination passagère à action limitée qui nous permettent mieux de comprendre l'activité normale. C'est par ces phénomènes que nous entrons dans le domaine de la pathologie mentale.

On peut poser en principe que, *tout ce qui tend à diminuer le pouvoir de coordination détruit le sentiment d'unité de la personnalité et produit l'affaiblissement mental.*

Tout trouble mental, léger ou grave est une perte de la cohésion des éléments psychiques, une incoordination partielle ou générale, temporaire ou durable.

Avant d'aborder les différentes manifestations de l'incoordination, nous chercherons à préciser la signification des mots « affaiblissement mental », « affaiblissement psychique », « affaiblissement intellectuel », « affaiblissement démentiel ».

Ce sont des questions de psychologie générale qui ont été laissées de côté par la plupart des auteurs. Elles sont de la plus haute importance pour l'interprétation des faits et la clarté des discussions.

Grasset donne un sens différent aux mots « psychique » et « mental ». Il applique le mot « psychique » à toutes les manifestations conscientes et inconscientes et il réserve le mot « mental » pour les phénomènes relevant uniquement du domaine du psychisme supérieur.

Si cette distinction paraît claire à l'auteur pour étayer le séduisant schéma des neurones psychiques supérieurs (centre O) et des neurones psychiques inférieurs (polygone), elle apporte une confusion grave à la psychiatrie. Il suffit d'interroger les faits anatomo-pathologiques et cliniques pour constater que les maladies mentales ne se cantonnent pas dans la région préfrontale, dans le centre O, et qu'elles touchent le polygone, les neurones psychiques inférieurs avec la même intensité.

L'éminent professeur de Montpellier ne tient nullement compte des relations intra-psychiques qui unissent la vie consciente à la vie inconsciente. De même qu'entre les neurones psychiques supérieurs et les neurones psychiques inférieurs, il y a une chaîne de neurones intermédiaires ; de même, entre le psychisme supérieur et le psychisme inférieur, il y a des états intermédiaires. Le polygone et le centre O n'ont pas d'enveloppe qui les délimite et les isole. La vie inconsciente polygonale se prolonge et se répercute dans les états représentatifs du centre O. L'activité psychique est ininterrompue ; elle est à la fois pénétration et synthèse. Entre l'activité polygonale automatique, inconsciente, irréfléchie et l'activité psychique supérieure consciente et volontaire, il y a un vaste champ d'états psychiques sur lesquels tombe un éclairage toujours changeant, avec des jeux variés d'ombre et de lumière.

Dans la vie ordinaire, la pensée tombe tout aussi rarement dans l'obscurité de la vie polygonale qu'elle ne s'élève dans les hauteurs pleines de clartés du centre O; elle se maintient à un niveau moyen dans le demi-jour. Dans l'acte le plus simple il y a une foule d'actes partiels dont le degré de conscience, de volonté et de réflexion est très variable. Il y a à la fois conscience, demi-conscience, inconscience, activité volontaire, automatique et tous les états qui résultent des innombrables combinaisons de ces phénomènes.

Le schéma de Grasset ne tient pas compte de *ce grand groupe d'états psychiques intermédiaires;* il suppose un homme idéal avec une maladie idéale ; la clinique nous fournit des hommes réels avec des maladies réelles. Les maladies psychiques (hystérie, etc.) sont *toujours* et non *accidentellement mentales.*

Le centre O qui renferme les éléments les plus fragiles, les plus hautement différenciés de l'activité psychique, est le premier atteint.

L'affaiblissement psychique et l'affaiblissement mental sont des termes synonymes. Ils servent à désigner la diminution partielle ou générale, temporaire ou durable, de la cohésion des éléments psychiques.

L'affaiblissement partiel suppose toujours, en

vertu de la loi de relation, une lésion diffuse mais il diffère de l'affaiblissement général par la prédominance des lésions dans un département psychique déterminé.

L'*affaiblissement intellectuel* relève des lésions dominantes dans la sphère des idées et des représentations; l'*affaiblissement affectif* relève des lésions des sentiments et des émotions, etc.

Au point de vue de l'évolution, on peut distinguer trois sortes d'affaiblissement mental ou psychique : 1° *congénital;* 2° *acquis et passager;* 3° *acquis et permanent.*

.1° L'*affaiblissement congénital* est une manifestation de la déchéance de l'espèce; il est différent par son origine, sa marche et ses manifestations de l'affaiblissement mental acquis.

2° L'*affaiblissement mental acquis et passager* témoigne d'un trouble de la synergie fonctionnelle. Ce n'est pas une désagrégation proprement dite mais une incoordination avec relâchement des connexions psychiques, susceptible de régression. Cet état d'amoindrissement passager peut porter inégalement sur toute la synthèse mentale ou se localiser d'une manière prédominante sur une synthèse spéciale : volonté, intelligence, mémoire, etc.

Il se rencontre dans toutes les affections où la reconstitution du moi reste possible.

Dans les états d'obsessions, de phobies, etc., il y

a incoordination d'un groupe limité d'éléments psychiques : émotions, volonté, etc.

Dans la manie, la confusion mentale, etc., l'incoordination est plus générale.

3° *L'affaiblissement mental acquis et permanent témoigne d'une lésion chronique.*

Nous ne nous occuperons pas dans ce chapitre de l'affaiblissement mental chronique « partiel » (délires de Magnan, Sérieux et Capgras, etc.) ; nous l'étudierons à propos des délires systématisés.

L'*affaiblissement mental démentiel* est un affaiblissement acquis et permanent. C'est celui qui nous intéresse.

Malgré l'importance des démences en psychiatrie et en médecine légale, peu de travaux ont été faits sur ce sujet.

Dernièrement, Binet et Simon ont émis une hypothèse nouvelle sur la nature de l'affaiblissement démentiel. Ces auteurs réfutent la théorie de la régression psychique dans la paralysie générale et la démence sénile et admettent la conservation intégrale de l'intelligence.

Les malades ne se servent plus de leurs facultés parce qu'il y a « inertie fonctionnelle » et que les états de conscience sont trop faibles pour être rappelés. En un mot, la démence serait une *amnésie d'évocation.*

En effet, lorsqu'on examine certains déments précoces, paralytiques, alcooliques, on est frappé par l'inconstance de certaines erreurs et de certains troubles psychiques ; ce fait indique une lésion de la faculté de rappel.

Si la démence était un état d'affaiblissement de la force de cohésion, une inertie fonctionnelle, l'évocation des états psychiques disparus serait toujours possible au cours d'autres idées et d'autres actes.

Mais, nombreux sont les cas où l'on constate la *disparition sans retour* d'un ou de plusieurs groupes affectifs, représentatifs, etc.

Certains déments présentent une mémoire d'évocation sans défaillances pour une ou plusieurs facultés (calcul, etc.) et perdent complètement les tendances le mieux organisées (aptitudes pour la musique, la peinture, etc.). Ces dernières ne sont plus jamais rappelées à la conscience. Nous sommes donc forcés d'admettre qu'il se produit des lésions destructives et irrémédiables.

L'affaiblissement démentiel est une destruction partielle ou générale, un déficit.

Pour mieux comprendre la différence qui existe entre l'affaiblissement mental démentiel et l'affaiblissement mental passager, on peut dire que le premier est *une chute*, et le second *une perte d'équilibre.*

Depuis longtemps les biologistes et les philosophes (H. Spencer en particulier) ont insisté sur l'harmonie qui existe entre les lois de l'histologie et celles de la fonction.

Nous chercherons à montrer que ce parallélisme se poursuit plus ou moins grossièrement jusque dans la pathologie.

Masselon a insisté sur l'analogie qu'il y a entre l'anatomie pathologique de la démence précoce et le processus clinique. Cette analogie est manifeste dans tous les états d'affaiblissements démentiels.

« La démence, dit Ribot, qui est une marche progressive dans la dissolution physique et mentale, doit se traduire par une incoordination toujours croissante jusqu'au moment où le moi disparaît dans l'incohérence absolue et qu'il ne subsiste dans l'individu que les coordinations purement vitales, les mieux organisées, les plus inférieures, les plus simples, par conséquent les plus stables, qui disparaissent à leur tour. »

« La démence en ses degrés, écrit Klippel, est la perte plus ou moins complète mais irréparable des facultés mentales, par destruction des dendrites et des axones dans les points terminaux où ils assurent l'union et la synergie des éléments nerveux de l'encéphale. Les conséquences d'une telle destruction aboutissant à la rupture des connexions anatomiques et physiologiques peuvent se résumer aussi bien dans le terme d' « autonomie cellulaire » qui suffit à définir la démence. » Et plus loin il ajoute : « Cette rupture des connexions cellulaires apparaît comme la lésion fondamentale et la condition pathologique du symptôme démence dans toutes les maladies mentales où il peut se produire. »

L'incoordination avec rupture des connexions anatomiques et « autonomie cellulaire » et l'incoordination avec rupture des liens d'association et « autonomie psychique » sont l'expression du même processus morbide : la démence.

L'*incohérence*, symptôme caractéristique des processus démentiels, est la meilleure preuve de l'autonomie des éléments psychiques.

Ces éléments isolés peuvent vivre encore longtemps en tant qu'unités, mais ils sont incapables de s'influencer mutuellement.

Ils n'ont plus de rôle actif, ils ne participent plus à l'activité mentale et finissent par s'effacer petit à petit.

L'*autonomie psychique* est un des phénomènes les plus intéressants de la désagrégation de la personnalité. Au point de vue psychologique, elle représente une modalité inférieure de l'activité mentale.

« Le développement de l'esprit, dit Höffding, commence souvent en des points épars çà et là, tout comme la formation des os. On ne triomphe que peu à peu de cette sporadicité, encore ce triomphe n'est-il jamais complet chez personne. »

En effet, l'étude du développement intellectuel chez l'enfant montre l'indépendance des éléments psychiques. Les sentiments, la mémoire, les représentations forment des zones distinctes, ne se pénètrent pas. Le lien qui assure l'unité et l'harmonie fait défaut. C'est ainsi que l'on peut expliquer, chez les jeunes gens, la multiplicité contradictoire des sentiments et des idées. Tous les états psychiques se heurtent et s'entre-choquent; la cruauté vit côte à côte avec le mysticisme et la pitié, l'amour avec la haine, l'ambition avec l'humilité, etc.

Dans une personnalité complète, les états les plus hostiles peuvent coexister mais la coordination tend à établir l'accord et à faire régner l'unité.

La désagrégation mentale disjoint toutes les parties et supprime l'harmonie. *L'autonomie psychique apparaît comme un état de régression, un retour à la forme primitive, « infantile » de la vie psychique.*

« L'autonomie cellulaire » définit le processus anatomo-pathologique ; « l'autonomie psychique » définit le processus clinique.

Mais un processus d'involution à marche progressive n'arrive pas d'emblée à la destruction de tous les éléments psychiques.

1° Il se produit tout d'abord un affaiblissement de la synergie psychique, un état d'incoordination fonctionnelle analogue à celui des psychoses passagères.

Ce trouble de la synthèse mentale est sous la dépendance des phénomènes inflammatoires. Les symptômes de la période du début, délirants, hallucinatoires, l'excitation, la dépression, la confusion, etc., appartiennent à l'incoordination fonctionnelle.

2º Le processus morbide détruit ensuite les connexions les plus solides et isole les éléments psychiques.

Cette phase « d'autonomie » est la plus importante et la plus caractéristique.

Dans la démence précoce, dont l'évolution est très longue, elle domine toute la symptomatologie. Ces lésions de dissociation ont valu à la démence précoce le nom « d'incoordination intra-psychique », de démence « séjonctive » et « schyzophrénique ».

3º Enfin, la destruction des éléments psychiques suit celle des connexions. Cette phase se confond avec la précédente. *Tout état de conscience qui ne s'évoque plus est condamné à mort.*

La division en trois phases du processus démentiel est arbitraire. On ne peut séparer ces phénomènes que par une analyse idéale.

De même que sur une coupe anatomo-pathologique on trouve à la fois des lésions de chromolyse, de désagrégation et d'atrophie, de même la symptomatologie des démences réunit les différents aspects du processus de destruction. Certains éléments psychiques disparaissent dès le début, d'autres persistent jusqu'à la fin et ne présentent qu'un affaiblissement de la force de cohésion.

L'incoordination fonctionnelle explique la fréquence de l'amnésie d'évocation.

Les erreurs de la mémoire, les perceptions incomplètes, les illusions, etc., relèvent de ce phénomène.

Mais l'affaiblissement démentiel est indépendant de l'incoordination fonctionnelle; *il est la somme des déficits qui frappent la vie psychique*.

Lois de dissolution. — La personnalité se désagrège parce qu'elle ne s'accroît plus d'éléments nouveaux et parce qu'elle perd ceux qui l'avaient constituée autrefois et qui restaient fixés dans la mémoire.

L'affaiblissement démentiel est une amnésie de conservation permanente. Les lois de dissolution de la personnalité sont les lois de dissolution de la mémoire intellectuelle et de la mémoire affective statique.

Ribot a cherché si le travail de destruction suit un ordre et a formulé *la loi de régression de la mémoire et la loi de dissolution affective*. Dans les deux cas, la régression continue, « descend du supérieur à l'inférieur, du complexe au simple, de l'instable au stable, du moins organisé au mieux organisé, en d'autres termes, les manifestations qui sont les dernières en date de l'évolution disparaissent les premières, celles qui ont apparu les premières disparaissent les dernières. L'évolution et la dissolution suivent un ordre inverse. »

Depuis que l'éminent psychologue a formulé cette loi, les faits cliniques se sont multipliés et ont montré qu'elle ne trouve pas sa justification dans tous les processus pathologiques. Le génie de l'espèce invariable peut procéder toujours du simple au complexe, de l'homogène à l'hétérogène, etc., mais une maladie est rarement une systématisation déterminée. Sa marche est dirigée par les lois de la pathologie générale qui créent une infinité de variétés cliniques. La loi de Ribot ne tient pas compte de ces lois générales : degré de virulence des agents morbides, affinités électives, réactions individuelles, vulnérabilité inégale des éléments psychiques, etc. Elle est posée sous une forme philosophique et non sous une forme scientifique.

En parcourant les faits, nous trouvons une grande diversité de lésions.

Certains processus étonnent par leur activité capricieuse, tantôt suraiguë, tantôt lente et progressive, détruisant, çà et là, les éléments stables avant les instables, les anciens avant les nouveaux.

Dupré a insisté sur la fréquence des amnésies lacunaires dans la paralysie générale et les démences organiques.

Joffroy et Mignot ont cherché en vain l'ordre d'effacement des souvenirs dans la paralysie générale. « Bien que progressive, cette amnésie est essentiellement lacunaire et les lacunes affectent dans le champ des souvenirs des zones essentiellement variables suivant les individus et même suivant les époques chez les mêmes sujets. » Plus loin, ils ajoutent : « Dans la paralysie générale, l'amnésie agit pour ainsi dire au hasard comme le sable qui,

répandu sur la page d'écriture, fait disparaître çà
et là des lettres, des mots, des phrases au gré de
ses points de contact. »

Dans les démences épileptiques et alcooliques,
nous avons maintes fois constaté que les lésions
détruisaient les systématisations les mieux organisées de la personnalité (souvenirs d'enfance, aptitudes artistiques, etc.) bien avant les systématisations faibles.

Enfin, l'étude de la démence précoce nous mon-
trera que le processus morbide touche les facultés
affectives, plus stables, plus tenaces avant les
facultés intellectuelles.

Malgré ces faits, la loi de régression reste une
vérité philosophique indiscutable, une synthèse
limitée, une loi de détails. Si la déchéance des
démences lentes et progressives ne suit qu'exceptionnellement la ligne de moindre résistance rigoureusement tracée par Ribot, elle aboutit toujours
aux formes inférieures de la volonté, de l'intelligence, de l'affectivité, de la mémoire.

Mais dans cette marche descendante, un dément
ne rejoindra jamais l'imbécillité et l'idiotie congéni-
tales. Dans l'état d'incoordination le plus profond, il
subsistera des éléments du passé, de la personnalité
antérieure : débris d'instruction, d'éducation, etc.

Le mot « hasard » n'est pas scientifique. Les lésions
destructives « çà et là » obéissent à des lois spéciales.

L'autonomie cellulaire et psychique nous a fourni la notion d'un syndrome constant faisant l'unité des démences. Mais ce fond commun n'explique pas les phénomènes (évolution, symptômes, etc.) qui établissent les différences cliniques et caractérisent chaque processus démentiel.

Par analogie avec toutes nos connaissances en pathologie générale, *il est permis d'admettre que chaque démence a son mode d'action spéciale et sa formule clinique.*

Parmi les nombreux phénomènes qui conditionnent ce *mode d'action*, l'affinité élective est le plus important. Quel que soit le degré de virulence et de diffusion, une affection manifestera toujours une localisation plus spéciale, une affinité élective pour un tissu ou une région anatomique (tissu neuro-épithélial, lobe frontal, etc.), ou pour un département psychique (sphère affective, mémoire, associations des idées, etc.). Ce sont ces lésions électives qui définissent un processus morbide.

Klippel a insisté à maintes reprises sur l'importance du *mode d'action* des agents pathogènes pour expliquer les grands syndromes que nous offre la pathologie mentale.

La loi des affinités électives des processus anatomiques lui a permis de ranger les démences en deux groupes : démences neuro-épithéliales et démences vasculo-conjonctives.

En l'état actuel de la psychiatrie, nos connaissances sur les lésions psychiques sont trop incomplètes pour tenter une classification précise des démences. Nous ne pouvons qu'essayer de les réduire à quelques types fondamentaux.

Au début de ce chapitre nous avons montré (en nous basant sur les travaux de Ribot) *l'importance de l'affectivité et de la mémoire dans la constitution du moi.* Ces deux éléments constituent le réseau solide, la trame de notre vie psychique. Si l'intelligence et la volonté sont les plus beaux fruits de la personnalité humaine, elles n'en sont pas la racine; elles nous donnent notre valeur, elles ne constituent pas notre fond; elles ne représentent pas l'individualité psychique dans sa totalité. Aucune d'elles n'a le pouvoir de transformer l'individu. La destruction de ces éléments hautement hiérarchisés ne modifiera que très peu la personnalité du malade. Par contre, les lésions des états affectifs et de la mémoire sont d'une gravité extrême. *Les tendances, les désirs, les sentiments c'est nous-mêmes; la dissolution de ces éléments, c'est la dissolution de nous-mêmes.*

La mémoire est une partie du moi qui demeure une et continue sous le flux des variations incessantes et assure notre identité. Elle est la base de tous nos droits, de tous nos devoirs, de toutes nos responsabilités. *L'amnésie de conservation, c'est l'oubli de notre identité, c'est l'oubli de nous-mêmes.*

Il n'y a dissolution de la personnalité que lors-

qu'un de ces éléments a été détruit. Les lésions de
la démence sont les lésions de déficit de l'affectivité et de la mémoire. Tant que ces éléments ne
sont pas touchés « l'individu peut devenir autre, il
ne devient pas un autre » (Ribot).

Cette donnée psychologique est de la plus haute
importance pour la pathologie mentale.

En rassemblant les faits cliniques, il est possible
de grouper les démences en deux classes : *les démences amnésiques, intellectuelles et les démences
affectives*.

Dans le premier groupe, la *lésion élective* porte
sur la mémoire intellectuelle ; dans le second sur la
sphère des sentiments et des émotions.

La paralysie générale, la démence sénile, etc.,
sont des démences amnésiques ; la démence précoce, une démence affective.

Primitivement la lésion élective détermine une
dissociation momentanée suivie d'un changement
partiel du moi. Lorsque la lésion devient plus profonde, elle désorganise toute la personnalité. Il n'y
a dissolution absolue du moi que lorsqu'il y a
régression affective complète et amnésie totale,
c'est-à-dire lorsque les deux facteurs fondamentaux
ont été détruits.

Mais dans l'état de dissolution le plus complet,
au milieu des lésions les plus uniformes, la lésion
élective prédominera toujours et constituera le
caractère spécifique de la maladie.

Avant d'aborder l'étude analytique et synthétique de la démence précoce, nous chercherons à
esquisser les traits principaux de l'affaiblissement
démentiel.

Dans cette affection comme dans toutes les démences, le processus morbide détermine une incoordination croissante aboutissant à l'incohérence
absolue.

L'incoordination produit deux sortes de lésions :
fonctionnelles et *destructives*.

Les *lésions fonctionnelles* sont nombreuses, diffuses et variables ; elles donnent lieu aux troubles
confusionnels, maniaques, etc., qui masquent souvent l'affaiblissement mental. Ces lésions manquent
dans la démence simple et disparaissent pendant
les rémissions. Elles correspondent aux lésions anatomo-pathologiques de chromolyse, d'hyper-émie,
d'exsudation, de congestion, etc. ; elles sont souvent les manifestations des affections associées à la
démence précoce : alcoolisme, tuberculose, etc.

Les *lésions destructives* sont primaires et électives ; leur évolution est parallèle à celle des lésions
précédentes. Ce sont ces lésions qu'il importe de
connaître dans leurs associations relatives ou
complètes pour établir les caractères fondamentaux.

Stransky, de Vienne, dans une série d'articles
intéressants, a cherché à montrer que le processus
d'incoordination de la démence précoce détermine

une dissociation entre les facultés *noopsychiques* et *thymopsychiques.*

Sous le nom de thymopsychie, l'auteur embrasse la totalité de la vie affective et sous le nom de noopsychie, la vie intellectuelle.

Pour nous, l'incoordination initiale, démentielle, détermine une dissociation entre l'affectivité et la mémoire.

Au début, l'affectivité est seule lésée et il en résulte une modification partielle du moi.

La mémoire garde longtemps son intégrité.

Nous distinguons deux phases psychologiques dans l'évolution de la démence précoce typique :

1) Une phase correspondante aux phénomènes de régression affective auxquels sont intimement liés les troubles de la volonté et ceux de la faculté de coordination, d'adaptation et de construction de l'activité intellectuelle.

2) Une phase amnésique pendant laquelle le processus pathologique envahit le second élément essentiel de la personnalité : la mémoire.

Beaucoup de déments précoces ne traversent cette phase que d'une façon incomplète.

Le processus d'incoordination ne devient que rarement « intégral ». Les actes automatiques, les stéréotypies, etc., restent toujours les éléments les mieux coordonnés de la démence précoce.

Les lésions fonctionnelles escortent le processus démentiel dans toutes les phases de son évolution et font paraître les malades plus déments qu'ils ne sont en réalité.

Mais sous tous les aspects de la maladie, la lésion initiale, élective, la lésion des sentiments et des émotions persistera et constituera le groupe des symptômes essentiels.

Nous allons montrer le rôle de ces lésions dans le processus de dissolution psychique et leur importance au point de vue du diagnostic.

Bien que la division de la vie psychique en trois parties : *affectivité*, *intelligence* et *volonté*, ne repose sur aucune base scientifique, nous l'adoptons pour la simplicité et la schématisation plus facile des faits cliniques.

CHAPITRE II

PSYCHOLOGIE. CARACTÈRES DE L'AFFAIBLISSEMENT MENTAL

A. — TROUBLES DES SENTIMENTS ET DES ÉMOTIONS

Les travaux de Ribot tendent de plus en plus à démontrer que la sphère cénesthésio-affective occupe le premier plan dans la totalité de la vie psychique. Elle est la source de l'intelligence et de la volonté ; elle est la force cohésitive dont dépend la synthèse mentale.

C'est la sphère affective qui nous donne à chaque instant l'idée du moi et qui fait que cette idée est comprise dans nos souvenirs et nos conceptions.

Il est donc facile de comprendre que toute lésion qui tend à la détruire retentisse profondément sur l'activité psychique.

Depuis longtemps les aliénistes ont observé que les états affectifs sont les premiers qui réagissent dans toutes les affections mentales. Mais si ces troubles sont fréquents, l'importance et la gravité en sont très variables.

Dans la démence précoce, la déchéance affective constitue la lésion principale.

C'est à Kraepelin que revient l'honneur d'avoir montré que l'affaiblissement affectif apparaît sans exception dans toutes les variétés cliniques et qu'il en constitue le signe fondamental.

« L'indifférence, dit-il, des malades à l'égard de leurs affections d'autrefois, notamment la disparition des sentiments pour la famille, les amis, etc., sont très souvent le premier et le meilleur signe du début de l'affection. Même si les mouvements expressifs sont vivaces, les malades ne sentent aucune joie véritable, aucune tristesse, ne conservent ni désirs, ni répugnances, vivent indifférents au jour le jour, etc. »

Depuis les travaux de Kraepelin, on a étudié l'ensemble des troubles affectifs chez les déments précoces sous le nom d'*indifférence émotionnelle*, *d'athymie*, *d'apathie*.

Qu'est-ce qu'on doit entendre par indifférence émotionnelle ? Est-ce un véritable état neutre sans douleur et sans plaisir ? S'agit-il seulement d'un trouble de la conscience, d'une incapacité de percevoir les sensations ? Les sensations sont-elles trop faibles pour franchir le seuil de la conscience ? La mémoire a-t-elle perdu le pouvoir de reviviscence des états affectifs ou bien ces états affectifs sont-ils détruits ?

Pour tenter même une hypothèse, il nous faut faire une étude générale de la vie affective, analyser chaque sentiment l'un après l'autre depuis le sentiment vital jusqu'aux formes les plus hautes de l'évolution psychique.

La sphère affective est très complexe ; elle renferme des éléments de valeur inégale, ayant chacun son domaine et sa fonction.

Mais quel que soit son degré de complexité, chaque état affectif se traduit à la conscience par les mêmes émotions fondamentales : plaisir ou peine, bien-être ou malaise. Lorsqu'on veut connaître l'existence d'un sentiment, sa nature, sa valeur, sa mesure, le niveau qu'il ne peut dépasser, il faut chercher sa tonalité émotionnelle : agréable ou désagréable.

L'étude des phénomènes affectifs chez les aliénés se heurte à des difficultés extrêmes.

Nous ne pouvons apprécier l'émotion fondamentale d'un sentiment que d'après les réactions vasomotrices et psycho-motrices.

Dans la démence précoce le processus d'incoordination supprime les voies d'extériorisation ou crée des dissociations qui lèsent les connexions avec l'appareil psycho-mimique.

Les *réactions psycho-motrices* fournissent souvent des renseignements faux sur l'état idéo-affectif sous-jacent. Parmi les causes d'erreur à éviter pour doser la capacité affective, nous distinguons : le *négativisme,* la *paraphasie* et la *paramimie.*

Le *négativisme* exagère l'indifférence émotionnelle et fait paraître le malade plus dément qu'il n'est en réalité.

La *paraphasie* n'est pas rare chez les déments précoces. Les uns répètent des formules toutes faites, d'autres emploient des expressions verbales inexactes. Dans ce cas, il est difficile de connaître le fond mental.

La *paramimie* est une des réactions les plus curieuses qui rend difficile l'interprétation des états émotionnels. A l'état normal, il y a concordance entre l'expression mimique et l'état idéo-affectif correspondant. Chez certains déments précoces, l'expression mimique n'est plus adéquate à l'état psychique qu'elle représente.

La paramimie se montre dans toutes les manifestations psycho-motrices ; le langage parlé (intonation de la voix, etc., etc.), etc.

Mais le négativisme, la paraphasie et la paramimie ne sont ni constants, ni permanents, ni difficiles à diagnostiquer. Il reste un grand groupe de malades chez lesquels on peut faire l'étude des sentiments et des émotions à l'aide de l'analyse de la conduite, des actes, de la mimique et du langage. Enfin les réactions organiques nous renseignent sur l'état des manifestations involontaires.

Les *réactions organiques* ont été particulièrement étudiées par Bruyn. Cet auteur a cherché à l'aide du pléthysmographe et du pneumographe, les réactions vaso-motrices et respiratoires à des

excitations auditives, olfactives, gustatives, tactiles.

Il a constaté que sur 177 expériences faites sur
des sujets qui ne montraient pratiquement aucun
signe d'émotion, 121 indiquaient l'existence chez
eux de réactions circulatoires et respiratoires.

D'après Bruyn, l'absence de réactions est surtout
marquée pour les muscles volontaires. « Dans le
contenu mental d'une émotion, dit-il, il faut distinguer les expressions volontaires et les expressions
involontaires.; les unes peuvent manquer, tandis
que les autres subsistent. »

Bruyn n'a eu en vue que les émotions inférieures,
d'ordre sensoriel, qui sont conservées chez la plupart des déments.

Il reste à étudier les réactions organiques dans
toutes les émotions complexes.

G. Dumas a publié l'observation d'un dément précoce qui ne manifesta aucune émotion lorsqu'on lui
annonça un jour à l'improviste que sa femme était
morte. Le pneumographe et le sphygmomètre n'ont
pas enregistré de modifications des rythmes respiratoire et circulatoire.

Ces faits sont d'observation courante.

Dans les émotions complexes, les expressions
involontaires organiques sont touchées au même
titre que les expressions volontaires psychiques.

Les états d'excitation maniaque sont rarement
accompagnés d'un sentiment agréable et de phéno-

mènes d'excitation organique : hypertension, accélération du cœur, respiration rapide et ample comme dans la manie. Souvent la pression artérielle et artériolaire est abaissée, le pouls ralenti et la respiration courte, superficielle comme dans la stupeur.

Nous abordons maintenant l'étude de chaque sentiment en particulier. Les réactions psycho-motrices et organiques des malades sont nos seuls moyens d'exploration.

Cénesthésie. Sentiment vital. — Comme dans toutes les affections, ce sentiment est le premier atteint. Placé au confluent de la vie organique et psychique, il est chargé de transmettre à chaque instant, à la conscience, les sensations des fluctuations de l'organisme.

La démence précoce est une affection d'origine toxique qui trouble tout le corps, d'où cet état de faiblesse générale, d'épuisement qui marque le début et fait partie intégrante de la maladie. Or, nous savons que « l'effet d'un organe malade dérange le ton psychique et se traduit dans le cerveau par une irritabilité excessive, une disposition à l'émotion, en somme par un état de malaise psychique ». (Maudsley.)

Cette cénesthésie pénible n'envoie plus à la conscience que des impressions alarmantes et douloureuses. Elle est la source des troubles du caractère, des idées hypocondriaques, des hallucinations cénesthésiques.

Aux troubles du sentiment vital sont intimement liés les *troubles du goût et de l'odorat*.

Dans les états de stupeur ou de dépression simple, l'absence des réactions gustative et olfactive est très manifeste. Mais ces troubles existent en dehors de la catatonie, c'est-à-dire en dehors de la suppression de l'expression volontaire ; on les trouve chez les malades atteints d'affaiblissement mental profond chez lesquels le dégoût a complètement disparu. La malpropreté et la gloutonnerie sont souvent en rapport avec l'anosmie et l'agueusie.

La *faim et la soif* sont des sensations vitales. Chez les déments précoces sitiophobes avec troubles du négativisme s'ajoutent les troubles du sentiment vital. Les malades ne sentent ni la faim, ni la soif ; ces sensations ne franchissent plus le seuil de la conscience.

Chez les malades voraces, la sensation du « trop-plein » n'est plus perçue.

Colère. — Le dément précoce est très irritable, il est, avec l'épileptique, l'aliéné le plus coléreux. La colère apparaît à la période prodromique et survient sans cause au cours de l'évolution morbide. Elle se montre à la période résiduelle dans les états d'affaiblissement profond et prouve que le foyer, bien qu'éteint, est susceptible de se rallumer. On peut distinguer deux sortes de colères : la colère rouge et la colère pâle. Cette dernière rappelle celle des épileptiques et s'en distingue par l'absence d'amnésie.

Peur. — La peur est une des réactions les plus vives de la douleur et ses manifestations expriment un processus de défense.

Au début de la maladie, on a souvent signalé un sentiment de terreur et de crainte vague et généralisée. Les phobies dans les états d'angoisse et dans les formes mélancoliques ne sont pas rares.

Chez certains malades on constate un regard hagard, inquiet et une attitude de crainte et de peur. Bianchi considère cet état comme une perte de la conscience du moi et il fait remarquer que ces malades ressemblent aux animaux à qui on a enlevé les lobes frontaux.

La peur est une des émotions qui persistent le plus longtemps. Les malades ont peur de l'orage, de l'obscurité, ils tremblent à la vue d'un incendie, du sang, etc.

Egotisme. — Le moi est fréquemment touché dans ses tendances égotistes. Chez les paranoïdes, il y a une certaine excitation des tendances positives, (*self-feeling*) qui expriment la personnalité comme ayant conscience de sa valeur et se traduisant par des émotions d'orgueil, d'amour-propre, etc.

La mégalomanie n'est autre chose qu'une forme positive de l'amour de soi.

Mais le self-feeling est toujours très faible chez les déments précoces. Il ne peut donner longtemps à ces délires la vigueur de s'étendre et de rayonner sans limites ; la mégalomanie perd rapidement son expansion.

L'écroulement des tendances positives de la force personnelle se montre surtout dans les états dépressifs. Nous verrons que les délires de la démence précoce ont le plus souvent des teintes mélancoliques et qu'ils ont pour base un sentiment de faiblesse et d'impuissance.

Le *sentiment de propriété* est moins développé que chez les autres déments. Le dément précoce est un collectionneur sans utilitarisme.

Sentiments de famille. — Les troubles des sentiments de famille se manifestent sous deux aspects : l'*antipathie* et l'*indifférence*.

L'antipathie se montre à la période prodromique, *sans cause*, indépendamment de tout sentiment de jalousie, d'envie, etc., c'est un des meilleurs signes avant-coureurs de l'affaiblissement mental. Le dément précoce sent *brusquement* une répulsion invincible pour ses parents, ses frères, ses enfants, etc. Chez les femmes, le *sentiment maternel* subit des modifications importantes. Elles maltraitent leurs enfants et restent impassibles et insouciantes lorsqu'une maladie grave les a atteints.

L'indifférence peut être initiale ou faire suite à l'antipathie. Elle s'étend à toutes les joies et les peines de famille.

L'indifférence pour la famille est un symptôme d'une importance extrême. On peut la mettre en évidence en utilisant les nouvelles agréables ou désagréables. Ces expériences n'offrent aucun danger car elles ne produisent aucune réaction émotionnelle.

Une malade de Masselon, à la nouvelle de la mort de son frère, éclata de rire et dit qu'elle était contente parce qu'elle aurait des lettres bordées de noir.

Un de nos malades, en apprenant la mort de son fils, nous répondit : « il a bien fait ».

Parfois l'indifférence est si prononcée que les malades ne reconnaissent plus leurs parents. Morel a signalé ce fait dans plusieurs observations intéressantes.

Au début, les troubles des sentiments de famille sont conscients. « J'aimais tant ma mère, disait une malade, et aujourd'hui elle m'est complètement indifférente. » Une autre : « Je sens quelque chose en moi qui me détache de mes parents, leur contact me provoque une aversion pénible, si je les voyais mourir, je ne pleurerais pas. »

Certains déments précoces cherchent à justifier leur indifférence par des réflexions ingénieuses. Une femme qui manifestait de l'indifférence pour son mari nous disait : « Un mari est une pièce rapportée; ça n'a pas d'attaches. » Une autre : « Je ne m'attache à personne, c'est un principe, je souffre trop en aimant. Mon indifférence me préserve de la souffrance, je n'ai pas toujours été ainsi. »

Mais dans la sphère affective, plus que dans tous les autres domaines psychiques, les réactions sont variables et la maladie met en évidence les particularités individuelles de résistance ou de fragilité. Chez certains malades, les sentiments de famille sont peu touchés, du moins au début ou dans les formes d'affaiblissement mental léger.

Meeus a publié l'observation d'un jeune malade qui garda sur lui, jusqu'à la mort, un petit souvenir de sa mère qu'il baisait et serrait souvent sur son cœur. Guilguet et Urstein ont signalé également la persistance des sentiments de famille.

Le plus souvent les sentiments de famille se montrent sous la forme de *raptus émotionnels.*

Chez une de nos malades en demi-stupeur paraissant très démente, la nouvelle de la mort de son mari a provoqué une émotion violente avec sanglots et larmes. Elle causa de sa famille, de son mariage et de ses enfants. Le soir elle fut très abattue, elle paraissait souffrir. Le lendemain l'effet de l'émotion avait complètement disparu, elle nous a reçu en riant.

Sentiments sociaux et moraux. Amitié. Amour. —
Les sentiments sociaux et moraux font partie des
formes supérieures de l'évolution affective. Les
lésions de ces sentiments témoignent d'un trouble
de la sympathie et de l'altruisme.

La solidarité, la bienveillance, la générosité, le
dévouement, la charité, la pitié, etc., c'est-à-dire
tous les sentiments qui ont pour base la sympathie
sont profondément touchés.

Le dément précoce devient insociable. La diminution de l'instinct de sociabilité différencie le dément
précoce du paralytique général et le rapproche du
vieillard.

Mais tandis que celui-ci s'isole pour se replier sur
lui-même et vivre dans le cercle étroit de ses tendances égoïstes, le dément précoce quitte la vie
sociale pour entrer dans un monde sans désirs.

Les troubles des sentiments sociaux sont d'autant
plus frappants que la jeunesse est l'âge des affections tendres, de l'amour, de l'amitié, de la solidarité, etc.

La vie affective atteint chez les jeunes gens le
plus haut degré de dynamie. Les émotions les plus
faibles se transforment en passions violentes.

Le dément précoce cesse d'aimer. Il abandonne
ses amis, il rompt les fiançailles ou divorce avec
une très grande facilité.

Une de nos malades écrit à son fiancé huit jours
avant le mariage : « Je ne peux plus vous épouser

parce que vous ne savez pas jouer du piano. Adieu. »
Un autre abandonna sa femme en pleine lune de
miel à New-York et rentra seul à Paris.

Chez la plupart des malades, l'appétit sexuel disparaît avant la puissance sexuelle qui persiste pendant longtemps sous forme d'onanisme.

A l'asile, le dément précoce vit à l'écart de ses
camarades et ignore souvent leur nom. On le voit
tantôt blotti dans un coin ou derrière une porte,
tantôt travailler seul plongé dans le mutisme ou
murmurant à voix basse un soliloque incohérent.

Meeus a signalé que ces malades sont encore
susceptibles de s'attacher à certaines personnes de
l'établissement : infirmiers, enfants, etc.

Ces faits nous semblent exceptionnels.

Mais si la sympathie pour les hommes a tout à
fait disparu, la sympathie pour les animaux se rencontre parfois.

Un de nos malades se prive souvent de manger
pour donner la nourriture à son chien. Une autre
pleure, se met au lit, refuse de manger chaque fois
que son chat est souffrant. La nouvelle de la mort
de sa mère l'avait laissée indifférente.

Sentiments moraux. — La disparition des sentiments moraux constitue un des phénomènes les
plus intéressants tant au point de vue de la psychologie que de la médecine légale. Ces lésions sont
souvent primitives et marquent le début de l'affai-

blissement affectif. Nous les étudierons longuement à propos de la médecine légale.

Mais si ces troubles sont fréquents, ils ne sont pas constants. Nous avons remarqué chez certains malades la persistance de la notion du bien et du mal malgré les troubles de la faculté de jugement.

Sentiment religieux. — Au début de la démence précoce, il y a souvent une exaltation du sentiment religieux. Les unes changent de religion, d'autres passent leur temps à faire des prières. Un de nos malades fit le voyage de Paris à Lourdes à pied. Les crises mystiques revêtent toutes les formes connues de la pathologie et s'associent souvent aux idées mélancoliques.

Sentiment esthétique. — La déchéance du sentiment esthétique n'est appréciable que chez les malades appartenant à un certain milieu social et chez les artistes.

Les tendances artistiques peuvent être touchées d'emblée ou persister longtemps. Dans ce dernier cas, elles n'ont plus la puissance et l'émotion d'un sentiment.

Les uns dessinent toute la journée le même dessin stéréotypé, d'autres font des dessins symboliques, difficiles à comprendre. Un de nos malades représentait la nuit par un chien noir et la joie par un corbillard, etc.

Les tendances musicales restent longtemps et solidement organisées chez les malades qui sont réellement artistes. Mais ces tendances ne s'accompagnent plus d'états émotionnels; les malades jouent par cœur, automatiquement, de longues symphonies sans éprouver le moindre plaisir. Ce ne sont plus que des souvenirs musicaux; les émotions ont disparu.

Le sentiment esthétique sous sa forme inférieure, la coquetterie, est toujours touché. Chez la femme il se produit un véritable contraste avec le passé. Ce fait frappe et inquiète l'entourage.

Les excentricités de la toilette, de la coiffure, la malpropreté en sont les manifestations les plus fréquentes.

Sentiment intellectuel. — Le sentiment intellectuel disparaît avec la curiosité, l'intérêt, l'amour-propre, l'ambition, l'orgueil, etc.

Ribot a montré que l'émotion intellectuelle est un cas particulier du self-feeling, une manifestation du sentiment de la force et qu'elle se rapproche surtout de l'émotion que donnent la possession, la propriété. « Elle est sentie, dit-il, comme un accroissement sous sa forme positive, comme diminution et pauvreté sous sa forme négative. »

La déchéance du sentiment intellectuel est une marque d'affaiblissement vital et affectif et d'amoindrissement de l'activité mentale. L'état émotionnel qui accompagne toute forme d'activité s'atténue et le malade tombe dans l'inertie ou s'oriente vers une activité qui exige moins d'effort.

Le dément précoce abandonne ses occupations intellectuelles bien avant que le déficit mental soit appréciable. Il est encore capable de comprendre, de juger et de raisonner mais il ne s'intéresse plus à ce qu'il fait ; ni la curiosité ni la surprise ne tiennent son esprit en éveil.

Lorsque la démence précoce s'éteint et laisse derrière elle un déficit léger, le malade est incapable de reprendre sa situation sociale antérieure. « Le professeur devient instituteur, l'artiste, artisan. » (Kraepelin.)

Telle est la description bien sommaire de la pathologie des sentiments chez les déments précoces. L'espace mesuré dont nous disposons ne nous a pas permis de donner des exemples nombreux et détaillés. Nous avons laissé de côté les sentiments mixtes, les composés binaires, ternaires, etc. (audace, courage, émulation, enthousiasme, pudeur, etc.), car cette étude nous aurait entraîné trop loin. Chaque état affectif nécessiterait une monographie spéciale.

Dans la description de ces phénomènes nous n'avons pas tenu compte de l'évolution du processus morbide.

Ces lésions se produisent-elles simultanément ou suivent-elles un ordre régulier et déterminé ?

Dans ce dernier cas, obéissent-elles à la loi de dissolution affective de Ribot?

Ribot distingue quatre phases marquées par la disparition successive : 1° des émotions désintéressées (émotions esthétiques et intellectuelles); 2° des émotions altruistes; 3° des émotions égo-altruistes; 4° des émotions purement égoïstes.

Cet auteur a montré que la loi de dissolution affective est moins rigoureuse que la loi de régression de la mémoire. Elle ne peut s'appliquer qu'à un malade idéal chez lequel les tendances seraient à peu près équivalentes. « La recherche d'un pareil cas, dit-il, n'est guère moins que chimérique. La seule méthode pratique consisterait à recueillir un grand nombre d'observations chez des malades différents et à composer ainsi un tableau schématique de la dissolution, analogue aux photographies composites de Galton, formé par l'accumulation des ressemblances et l'élimination des différences individuelles. »

Nous avons essayé de construire, avec nos observations, le tableau de la dissolution affective chez les déments précoces.

Ces observations ne sont pas assez nombreuses pour prétendre avoir trouvé la formule unique : nous ne pouvons qu'en dégager quelques conclusions générales.

1° La lésion affective initiale et dominante est caractérisée *par une diminution de la tonalité*

*émotionnelle fondamentale formée par le senti-
ment de plaisir et de douleur.*

L'amoindrissement du ton émotionnel est général
dans les états de stupeur ; il porte inégalement sur
tous les éléments de la sphère affective. Dans les
états de démence profonde, l'atonie émotive s'arrête là où commencent les manifestations défensives
(colère) et physiologiques de l'instinct de conservation. La peur disparaît avant la colère.

2° La sensation du plaisir est touchée avant celle
de la douleur. L'*anhédonie morale*[1] *précède l'analgésie morale.*

On remarque ce phénomène dans tous les sentiments qui se rapprochent par les réactions organiques, mimiques, etc., de la joie (amour maternel,
émotions tendres, amour sexuel, etc.) et dans les
états affectifs qui exigent une dépense prolongée
d'énergie mentale (sentiment intellectuel).

Chez les excités maniaques, il n'y a ni euphorie,
ni joie expansive mais un état de gaîté niaise faite
de paroles obscènes et de mouvements stéréotypés.

La douleur morale paraît luire plus longtemps
dans le champ de la conscience. Elle crée l'angoisse
et les idées mélancoliques et peut persister à l'état
atténué chez certains déments à la période résiduelle avec déficit profond. Dans ce cas elle se

1. Ce néologisme a été créé par Ribot pour désigner la
disparition du plaisir moral.

manifeste lorsqu'on veut leur imposer un effort ou contrarier leurs habitudes.

Au premier abord, l'état de torpeur, la lenteur des phénomènes psychiques et somatiques, le sourire stéréotypé des déments précoces font penser à la « béatitude passive » décrite par Mignard chez les idiots, les imbéciles, les paralytiques généraux, les déments séniles. Mais une observation plus approfondie révèle que ni la mimique, ni le rythme et l'intonation de la parole, ni les actes ne traduisent un état agréable.

Les déments précoces ne paraissent jamais contents. Il y a toujours un fond d'irritabilité qui les rend incapables de satisfaction. L'état de torpeur le plus profond est subitement remplacé par une crise d'excitation et de colère violentes.

3° *Les lésions affectives fondamentales de la démence précoce sont réductibles aux lésions de la sympathie et du self-feeling.*

La sympathie est la plus belle expansion du moi ; elle témoigne d'une richesse d'énergie, d'un rayonnement de force qui s'étend vers des sphères plus larges que la sensibilité individuelle.

La démence précoce s'attaque d'emblée aux sources mêmes de l'énergie affective, à l'élément de coordination le plus puissant de la vie psychique. Ces lésions nous expliquent pourquoi les sentiments les plus stables, les mieux organisés, les plus forts, s'écroulent dès le début et très rapidement.

Le sentiment maternel, les sentiments de famille qui sont des manifestations de la sympathie sont le plus profondément touchés. Les lésions qui les atteignent reflètent l'affaiblissement de l'énergie affective.

A la même époque, on constate l'atténuation ou la disparition de tous les sentiments qui sont en connexion avec la sympathie et naissent des agréments de la vie active : sentiments sociaux, moraux, intellectuels, amour sexuel, etc.

La lésion de la sympathie restreint la sphère intellectuelle et sociale du moi et le réduit à ses tendances égotistes, artistiques, etc.

Mais si l'on étudie les actes et l'activité délirante des déments précoces on remarque aussi, dès le début, une diminution de toutes les manifestations positives du self-feeling, des tendances égotistes du moi.

La diminution du sentiment de la force personnelle va en croissant depuis les états dépressifs de la période prodromique jusqu'à la démence profonde.

Nous avons noté, chez les paranoïdes, une certaine excitation des tendances égotistes. Nous verrons, au chapitre de l'activité délirante, que les délires les plus riches portent l'empreinte de l'atonie émotionnelle et de l'affaiblissement des états affectifs qui donnent l'idée de la valeur personnelle.

En résumé, les lésions de la *sympathie et du self-feeling sont les lésions essentielles de la démence*

*précoce ; elles donnent la mesure de l'affaiblisse-
ment affectif.*

Les troubles des autres sentiments s'expliquent
par l'irradiation de ces lésions qui tendent à envahir
tout ce qui entre dans la sphère d'action de la sympathie et des tendances égotistes.

*La démence précoce est une désorganisation des
forces vitales de la sphère affective, une destruction
de la sympathie et du sentiment de la personnalité, une perte de la conscience du moi.*

Ces faits sont d'une importance extrême, car
ils nous permettent de comprendre la gravité de la
démence précoce.

Les lésions affectives de cette affection produisent une déchéance tout aussi profonde et peut-être
plus grave que les lésions des autres processus
démentiels plus diffuses, mais touchant moins les
énergies de l'affectivité.

Une question importante domine tout notre sujet :
ces lésions sont-elles destructives ou y a-t-il seulement un engourdissement, un trouble de la réviviscence des états émotionnels ?

Cette étude nous fait empiéter sur celle de la
mémoire. Dans la vie psychique, les phénomènes
morbides comme les phénomènes normaux se fondent insensiblement les uns dans les autres ; ils se
contiennent réciproquement. L'indifférence émotionnelle, l'apathie, l'athymie des déments précoces

ne peut être étudiée indépendamment des autres troubles mentaux : activité intellectuelle, mémoire, etc.

Pour la clarté de notre étude, nous anticiperons sur les chapitres qui suivent.

L'indifférence émotionnelle est un phénomène complexe qui relève à la fois des lésions d'engourdissements parétiques et des lésions destructives, paralytiques des états affectifs.

Dans la stupeur et les états de torpeur du début, les premières lésions l'emportent sur les secondes. Les troubles parétiques diminuent le pouvoir de réviviscence des souvenirs émotionnels, atténuent les sensations et rétrécissent le champ de la conscience. Ce fait explique les raptus émotionnels, le réveil subit des souvenirs affectifs, etc.

Dans les états de démence profonde, l'atonie émotionnelle relève d'une lésion plus grave, la *paralysie affective*.

La vie affective des déments précoces est réduite aux émotions fugitives des manifestations physiologiques de l'instinct de conservation.

B. — TROUBLES DE L'ACTIVITÉ INTELLECTUELLE

ATTENTION AFFECTIVE ET VOLONTAIRE
ASSOCIATIONS DES IDÉES. INCOORDINATION. INCOHÉRENCE

Une intelligence normale comporte des connexions nombreuses avec la sphère affective, une grande richesse de représentations mentales, une attention soutenue, un pouvoir d'évocation sans défaillance, des associations des idées rapides et une continuité parfaite dans la coordination de tous ces processus psychiques.

L'intelligence s'affaiblit lorsqu'il y a : lésions affectives, appauvrissement des représentations mentales, aprosexie, troubles de la mémoire, des associations des idées et incoordination générale ou partielle des éléments psychiques.

Nous avons vu que la personnalité était constituée par deux sortes d'éléments : les uns dont la systématisation est faite et qui sont arrivés à l'état d'équilibre stable, les autres, en rénovation incessante, dont la systématisation se fait et se défait. Ce sont ces derniers qui sont soumis aux *lois de l'activité intellectuelle*.

Cette activité est sous la dépendance de deux processus essentiels : un *processus d'adaptation,* grâce auquel l'esprit perçoit le monde extérieur et s'approprie des éléments nouveaux et un *processus de construction,* de *systématisation* qui implique l'association des idées.

Ces deux processus sont réglés par la loi la plus générale de l'esprit : la *coordination* ou la *synthèse mentale.*

Les déments précoces manifestent des troubles profonds de l'un et l'autre de ces processus.

Pour mettre en évidence les troubles intellectuels des déments précoces, on peut se servir de toutes les méthodes de la psychologie expérimentale. Les tests inducteurs de Sommer, Toulouse, Binet, etc., les épreuves de Ziehen, d'Ebbinghaus, etc., la recherche du « temps de réaction », par la méthode de Wundt, Kraepelin, Rœmer ou par le chronomètre d'Arsonval ou celui de Hipp, la méthode des associations des idées de Kraepelin, Aschaffenburg, la psycho-réaction de Jung et de Riklin, la méthode psycho-galvanique, etc., fournissent des données importantes sur les particularités psychiques de ces malades.

Malgré les nombreuses critiques qui ont été faites à ces méthodes, elles restent encore un adjuvant sérieux à l'examen clinique.

Si les résultats des recherches expérimentales n'ont abouti à aucune loi générale, ils aident à mieux comprendre les troubles des actes, du langage, de l'activité délirante, etc.

Ces études exigent des examens répétés. La mimique, le moindre mouvement, etc., au cours de l'interrogatoire doivent être pris en considération. C'est ainsi que Ziehen a pu établir un diagnostic très difficile chez un dément précoce mélancolique dont tous les troubles semblaient exclure la démence. Son attitude bizarre vis-à-vis du médecin (il s'amusait à le tâter) fut le seul symptôme d'incoordination qui fit penser à la démence précoce. Le diagnostic s'affirma par la suite.

TROUBLES DE L'ADAPTATION

ATTENTION AFFECTIVE ET VOLONTAIRE

L'adaptation comprend toutes les opérations psychiques qui nous permettent de percevoir les objets extérieurs et d'assimiler des éléments nouveaux.

L'orientation et la personnalisation sont l'œuvre de l'adaptation. Dans cette synthèse entrent des facteurs variés : attention, perceptions, sensations, etc.

L'attention en est l'élément le plus important. Elle joue un rôle essentiel dans la perception et l'analyse des objets, dans l'évocation et l'association des images. Les lésions de l'attention entraînent la désagrégation de l'appareil d'adaptation, la faiblesse de la mémoire d'évocation, les troubles des associations des idées et de la synthèse mentale.

Attention affective. — L'attention affective (attention spontanée de Ribot) est la première touchée et la dernière qui disparaît. L'intensité de ses troubles est en rapport avec la gravité des lésions de la sphère affective dont elle n'est qu'une manifestation.

C'est dans les actes professionnels et les occupations habituelles que l'on remarque les premières lésions de l'attention affective. La curiosité, l'intérêt, l'amour-propre, le sentiment du devoir, etc.,

s'affaiblissent ou disparaissent. Faute d'excitation
affective, l'attention diminue. Ce que le malade
aimait la veille ne l'intéresse plus, ce qui le pas-
sionnait lui devient brusquement indifférent.

Or, nous savons que « l'homme n'est attentif qu'à
ce qui le touche, soit directement, soit indirectement
et que l'attention suppose l'amour ou la haine,
l'ambition ou l'orgueil et toutes les variétés du
désir comme celles de la crainte » (Ribot).

C'est à cause de l'aprosexie affective que le
dément précoce se sépare du milieu familial et
social et qu'il ne s'adapte plus aux changements
extérieurs. Il quitte ses occupations, s'isole et se
plonge dans l'inertie physique et morale.

Masselon a tracé un tableau exact du dément
précoce apathique : « Il entre dans la salle d'examen, s'assied, puis reste immobile, le visage tourné
vers la terre, ne regardant pas où il se trouve,
avec qui il est, ne se préoccupant pas de ce qui se
passe autour de lui. L'interpellons-nous par son
nom, lui posons-nous une question quelconque,
c'est à peine s'il nous répondra ou bien il le fera
avec une extrême lenteur, ou d'une façon automatique, sans s'intéresser à ce qu'on lui demande ni
à ce qu'il répond. Nous pouvons essayer d'attirer
son attention en lui apprenant par exemple le décès
d'un des siens, en agitant une sonnette, en faisant
entrer quelqu'un inopinément ; le malade remarque
à peine ce qui vient de se passer ; s'il l'a remarqué,

toutes ces choses ont fait si peu d'impression sur lui qu'elles sont oubliées peu de temps après. »

Dans les états d'agitation, l'attention affective est également troublée. Le malade n'est attiré par aucun fait extérieur ou il s'immobilise facilement sur une seule impression.

Nous verrons à propos des états maniaques que ce symptôme constitue un caractère pathognomonique de premier ordre.

Mais si les troubles de l'attention affective sont constants, ils n'ont pas toujours la même intensité.

La plupart des déments précoces qui ne sont ni confus, ni hallucinés, ni délirants, perçoivent les événements qui se déroulent autour d'eux. C'est que l'*attention sensorielle,* qui est une modalité inférieure de l'attention affective, tient longtemps l'esprit en éveil.

Grâce à elle, l'orientation est à peu près normale chez les déments précoces. Ils ont la notion du temps, du lieu, ils connaissent le nom du personnel médical, etc. Les perceptions sensorielles ne présentent pas chez tous le même degré de précision. Les uns sont incapables de donner des détails exacts, d'autres, au contraire, ont remarqué les incidents les plus insignifiants et les racontent avec exactitude.

Mais ces perceptions ont été enregistrées passivement sans avoir été personnalisées. Cette particularité a été bien mise en évidence par Masselon ; «... il semble que ce soit un autre qui parle ; c'est un

mot qu'il a entendu et qu'il répète comme si ce
mot n'évoquait plus en lui une image précise,
comme si ce n'était plus pour lui qu'un assemblage
de sons dénués de sens ».

Attention volontaire. — Les troubles de l'attention volontaire ne présentent pas de caractères spéciaux dans la démence précoce, excepté leur fréquence. D'autre part, ils ne donnent pas la mesure
de l'affaiblissement démentiel, car ils sont le plus
souvent en rapport avec les lésions fonctionnelles,
susceptibles de régression.

Lorsque ces troubles sont très profonds, ils peuvent engendrer d'autres manifestations morbides : le
gâtisme, la malpropreté, la négligence de la tenue,
l'anesthésie et l'analgésie physiques, les troubles
des perceptions auditives, visuelles, olfactives,
gustatives, etc. Les sensations tactiles et sensorielles ne sont plus élaborées par la conscience et
adaptées à la personnalité.

On peut examiner l'attention volontaire avec les
opérations de tête de Sommer, la correction des
épreuves, la recherche du temps de réaction, etc.

Mais ces méthodes expérimentales ne sont appli-
cables qu'aux malades calmes, non déprimés et
capables d'un certain effort. Ceux qui sont agités
ou dans l'état de stupeur et de demi-stupeur ne sont
pas faciles à examiner. Dans ces cas, les manifestations psycho-motrices : dyspraxies, négativisme,

stéréotypies, etc., dévoileront tous les troubles de l'attention volontaire.

Epreuve du temps de réaction. — Les recherches sur le temps de réaction faites par Masselon avec le chronomètre d'Arsonval et celles de Kraepelin et de ses élèves avec le chronomètre de Hipp ont amené aux mêmes conclusions : *il y a allongement des temps de réaction indépendamment de la fatigue*.

La *méthode des tests* nous a permis de grouper les malades en trois catégories :

1° Ceux chez qui l'adaptation a été impossible.

2° Ceux chez qui l'adaptation s'est effectuée lentement ou à la suite de nombreux essais et d'oscillations préliminaires.

3° Ceux chez qui l'adaptation a été intermittente.

1° Dans le premier cas, l'adaptation est impossible par suite de nombreuses causes : les unes rendent le malade incapable de faire un effort mental (stupeur, demi-stupeur, agitation, états crépusculaires, hallucinations aiguës), les autres s'interposent dans le champ de l'activité volontaire et suppriment toute tentative d'effort (explosions de rire, impulsions, stéréotypies, etc.).

2° Dans le second cas, les malades s'adaptent lentement ; ils arrivent après un grand effort à exécuter les tests qu'on leur donne.

a) Chez les uns, on remarque un état d'agitation qui témoigne de leur incapacité à fixer l'attention.

Un de nos malades ne fut capable d'écrire son nom qu'après avoir fait de nombreux mouvements. Il se leva à plusieurs reprises, alla à la porte, enleva son chapeau, le posa d'abord sur la table, ensuite sous ses pieds, commença à se déshabiller, tira sur sa moustache, fit des grimaces et enfin s'assit, prit la plume et écrivit son nom.

Depuis longtemps Féré et Ribot ont démontré que ces mouvements préliminaires ont une action dynamogénique ; ils augmentent l'activité mentale en excitant l'attention.

b) Chez les autres, les excitations répétées (insistances, etc.), agissent de la même façon, elles éveillent l'attention et renforcent les incitations motrices.

3° Dans le troisième groupe rentrent les malades dont l'activité mentale se trouve troublée d'une façon intermittente par une explosion de rire, une hallucination psycho-motrice, une impression extérieure, etc.

A la période initiale toxique aiguë, *la fatigue* joue un rôle important dans la coordination des éléments psychiques de l'attention volontaire.

Elle fait naître un état de distraction qui soumet les malades à toutes les suggestions du dehors.

A la période résiduelle, *la fatigue* n'agit que sur les actes nouveaux qui nécessitent un effort de création ; elle n'a aucune influence sur les actes où prédomine l'automatisme.

TROUBLES DE LA SYSTÉMATISATION

(ASSOCIATIONS DES IDÉES)

L'activité mentale est un jeu de changements perpétuels, d'évolution et de dissolution, qui dirige l'intelligence vers l'harmonie et la perfection.

Ces changements sont à la base de toute activité psychique depuis les associations élémentaires de l'enfant jusqu'aux plus hautes spéculations de la pensée philosophique. L'évolution et la dissolution ont leur place dans le fonctionnement systématique de l'intelligence comme l'assimilation et la désassimilation dans l'activité biologique.

Un état de conscience prévalent est un système d'idées ou de représentations, d'émotions, de mouvements qui se développe et évolue aux dépens d'un autre. Dans chaque système il y a toujours une idée directrice, ou un sentiment-force qui constitue un centre de prolifération autour duquel se groupent d'autres éléments. Ces éléments sont étroitement reliés entre eux et n'agissent que dans le sens de la systématisation dont ils font partie, c'est-à-dire que, seules, celles de leurs affinités qui peuvent s'harmoniser avec l'idée directrice ou le sentiment-force se manifestent ou suscitent de nouveaux éléments.

Un système nouveau suppose le sacrifice et l'inhibition de certaines affinités et la destruction des éléments avec lesquels il n'a pu se coordonner.

L'idée directrice et le sentiment-force sont les éléments essentiels de la systématisation. Sans eux, la cohésion est rompue, la ligne de jugement ou du raisonnement se brise, les conclusions n'ont plus de rapport avec les prémisses ; c'est le règne des associations automatiques, des contradictions, des incoordinations.

Nous avons étudié l'activité intellectuelle des déments précoces dans ses manifestations extérieures (adaptation, perceptions, attention), il nous reste à montrer les lésions des phénomènes logiques qui associent les idées.

Les associations des idées chez les déments précoces ont été l'objet de nombreuses études (Kraepelin, Ziehen, Jung, Gross, Masselon, etc.).

Parmi les nombreuses épreuves psychologiques, celle des définitions concrètes ou abstraites (suivant le degré d'instruction du malade) nous paraît être la plus capable de fournir des garanties de spontanéité.

Mais ces expériences ne valent que par les détails. L'espace dont nous disposons ne nous permet pas d'exposer la collection de documents que nous possédons sur ce sujet. En la dépouillant nous pourrions en dégager quelques particularités.

Masselon distingue deux groupes de malades ; l'un est constitué par des malades en état de torpeur ; l'autre par des malades agités.

Mais s'il y a des faits qui paraissent rentrer très

nettement dans un groupe déterminé, d'autres ne peuvent rentrer complètement dans aucun groupe ou se rattachent à plusieurs.

La distinction des malades en deux groupes est commode mais elle n'envisage pas la totalité des cas. Nous l'adoptons pour la clarté de l'exposition.

Nous résumerons rapidement les données positives que nous possédons sur ce sujet, car nous retrouverons les troubles de l'activité intellectuelle à la base de toutes les manifestations psycho-motrices de ces malades.

1° Dans le premier groupe, la torpeur cérébrale se manifeste par les troubles intellectuels suivants :

1) Ralentissement psychique général.

2) Troubles de l'évocation.

3) Monoïdéisme.

4) Tendance à la persévération.

5) Absence complète ou disparition intermittente de l'idée directrice.

Ces trois derniers symptômes sont les plus importants.

2° Dans le second groupe, l'éréthisme intellectuel détermine les troubles suivants :

1) Associations d'idées rapides.

2) Incapacité de systématiser un groupe d'idées et d'inhiber les idées parasites. Celles-ci naissent par contraste, par contiguïté, par assonance, par ressemblance et ne se soumettent à aucune idée directrice.

3) Tendance à durer de certaines idées.

Comme nous le voyons, les troubles des associations des idées chez les déments précoces se réduisent aux troubles de la puissance de cohésion des éléments psychiques.

Dans la poésie, il y a souvent des associations par assonances, par contraste, etc., et des stéréotypies, mais chaque mot reste en harmonie avec l'idée principale.

Dans la manie, la joie, l'exaltation émotionnelle constitue un lien affectif qui rassemble les idées les plus contradictoires. La fuite des idées des maniaques est un assemblage de mots incohérents mais qui présentent la même chaleur émotionnelle, la même tonalité affective.

Chez les déments précoces on peut trouver des centres de coordination faibles, transitoires ou même stables (activité délirante des paranoïdes), mais cette coordination est toujours partielle, isolée et indépendante de la personnalité. Chaque idée prend l'aspect d'une irréalité.

Masselon et Jung ont comparé les associations des idées des déments précoces à celles du rêve. Dans les deux états il y a la même imprécision des représentations, la même irréalité et la même incoordination, mais ils s'en distinguent par d'autres caractères. A l'état de veille, les éléments inconscients de la personnalité s'extériorisent dans les associations des idées et dirigent leur jeu. Dans le rêve, cette influence persiste, l'activité intellectuelle a gardé des attaches plus ou moins lâches avec l'inconscient. Dans la démence précoce, ces liens sont plus profondément altérés. C'est une affaire de degré, mais c'est là toute la différence entre la santé et la maladie.

L'état de rêve du dément précoce est plus irréel, plus étrange, plus imprécis. Les idées incoordonnées qui le constituent sont séparées du moi, dépersonnalisées. Le processus de désagrégation fragmentaire a rompu les connexions de l'activité intellectuelle avec les éléments de la personnalité. Cette séparation aboutit à la formation d'un *non-moi*, à l'aliénation partielle, temporaire ou durable de la personnalité.

INCOORDINATION DES IDÉES. INCOHÉRENCE

Les troubles de la coordination dominent toute la pathologie de l'activité intellectuelle. Les lésions de la faculté d'adaptation, de l'attention spontanée et volontaire rendent l'esprit incapable d'assimiler des éléments nouveaux. Le malade ne peut plus évoluer et se perfectionner.

« L'être et la durée de l'être dépend de sa perfection » (Bossuet). *L'arrêt de l'évolution est le premier pas vers la démence.*

Les lésions de la systématisation comme les lésions de l'adaptation sont sous la dépendance des troubles de la coordination.

L'évolution et la dissolution, la systématisation et l'inhibition ne maintiennent plus comme à l'état normal l'équilibre de l'activité intellectuelle. Cet équilibre est rompu. L'organisation devient impossible et la désorganisation continue seule son œuvre destructrice.

Les premières manifestations de l'incoordination intellectuelle sont : les *troubles du jugement* et du *raisonnement.*

Le jugement est un lien entre deux idées : le raisonnement, un lien entre deux jugements.

Pour juger et raisonner, il faut comparer, c'est-à-dire établir des liens entre les faits nouveaux et les expériences acquises antérieurement. Ces expériences constituent les « groupes réducteurs » (Taine) les plus puissants, les éléments inhibiteurs les plus importants. Chez les déments précoces, ces « groupes réducteurs » ont perdu leurs rapports avec l'activité mentale. C'est ainsi que naissent les idées erronées et que le malade devient incapable de juger, de comparer, de distinguer, etc.

Au début, l'incoordination intellectuelle peut être partielle. Il se forme de véritables foyers, des « îlots paralogiques ». Cet affaiblissement mental inégalement réparti explique la fréquence de l'analyse subjective et des moments de lucidité.

Mais la désagrégation cherche à dissocier les soudures les plus solides établies entre les idées et les idées, entre les idées et les représentations kinesthésiques, etc., et à s'étendre dans tout le domaine de la vie psychique.

L'incoordination diffuse détermine l'incohérence. Le lien de toutes les idées est rompu, les mots ont perdu leur signification, se succèdent sans ordre et forment un amas de phrases coulées dans le cadre logique de la syntaxe. Dans certains cas, ce cadre est brisé et les mots se suivent sans obéir à aucune règle.

L'incohérence est la lésion principale de l'affaiblissement démentiel. Légère et subtile au début, elle se montre dans les abstractions, les raisonnements et les jugements, ensuite elle tend à paraître dans toutes les manifestations psycho-motrices.

La gravité de l'incohérence n'est proportionnelle ni à sa diffusion, ni à son intensité, mais à sa permanence.

Une intelligence se mesure non seulement à la puissance de coordination, mais encore au nombre des souvenirs. *Une personnalité s'amoindrit à mesure que la force de cohésion s'affaiblit et que la somme des éléments psychiques organisés en elle diminue.*

C. — TROUBLES
DE LA MÉMOIRE ET DES REPRÉSENTATIONS

L'activité intellectuelle consiste à grouper et à coordonner les représentations de manière à constituer des synthèses nouvelles. Ces synthèses une fois construites ne se détruisent plus, elles durent et gardent leurs éléments rangés dans l'ordre primitif. La mémoire a la faculté de conserver ces synthèses sous forme de souvenirs.

On distingue cinq variétés de mémoire : la *mémoire de fixation*, de *reconnaissance*, de *localisation*, de *reproduction*, de *conservation*.

Les trois premières variétés sont des phénomènes psychiques en rapport avec la faculté d'adaptation, d'assimilation ; ils dépendent des troubles des perceptions, de l'attention et de la coordination, bien plus que de ceux de l'activité mnésique. La reproduction et la conservation appartiennent à la mémoire proprement dite. Mais la faculté d'évocation exige en plus de la conservation des souvenirs, un effort mental, c'est-à-dire la concentration de l'attention et la coordination des éléments volitionnels.

Les *paramnésies sous forme de fausses réminiscences, d'illusions et l'amnésie d'évocation* appartiennent aux troubles de l'activité intellectuelle. Nous n'étudierons dans ce chapitre que les troubles du souvenir.

TROUBLES DU SOUVENIR

Masselon a fait une étude intéressante sur les troubles du souvenir chez les déments précoces. Il à montré que l'amnésie de fixation et d'évocation se confond avec les troubles de l'attention.

Pour étudier les souvenirs chez les déments précoces, il faut choisir des malades présentant un certain degré d'éréthisme mental ou attendre une phase d'accalmie. Dans les états de torpeur, la narcolepsie psychique se superpose aux lésions de déficit et détermine une diminution de l'activité intellectuelle. Les représentations ne sont plus ramenées dans le champ de la conscience qu'avec beaucoup de difficulté. L'amnésie d'évocation explique le ralentissement des associations des idées, le monoïdéisme, etc. Ce trouble fait paraître les malades plus déments qu'ils ne sont en réalité. Il suffit d'une excitation passagère, d'un accès de fièvre pour qu'une foule de représentations s'éclairent d'une réviviscence spéciale.

Si l'on examine les malades légèrement excités chez lesquels le pouvoir d'évocation n'est pas troublé, on constate que la plupart des souvenirs sont conservés.

L'activité créatrice ne construit plus de synthèses nouvelles, mais l'activité conservatrice garde longtemps les perceptions du passé. Il y a rupture d'équilibre entre les deux activités et prédominance de l'activité conservatrice.

L'intégrité de la mémoire fait du dément précoce un involué qui ne ressemble pas aux autres déments. Les phénomènes de dissolution de la personnalité dans la paralysie générale, dans la démence sénile, etc., commencent par des troubles profonds de la mémoire et respectent les éléments essentiels de la sphère affective. Ceux-ci ne se laissent envahir qu'à une période plus avancée.

Au contraire, dans la démence précoce la désagrégation de la personnalité débute par la paralysie affective et n'aboutit que tardivement et surtout dans les formes graves à l'amnésie totale.

La conservation des formules, des moules usuels de la pensée, etc., donne l'apparence d'une activité intellectuelle normale qui forme un contraste frappant avec la disparition des sentiments.

Pour mettre en évidence l'intégrité des souvenirs on peut se servir de la méthode des tests, de l'épreuve du calcul, des récits des souvenirs relatifs à une époque de la vie ou à un événement important, etc.

L'*épreuve du calcul* est très utile au début de la démence précoce. Elle permet de différencier cette affection de la paralysie générale et de toutes les démences juvéniles amnésiques : épileptiques, organiques, etc.

Cette épreuve met en relief la conservation de la mémoire automatique. Les malades instruits exécutent avec une rapidité extrême les calculs les plus difficiles.

Chez les malades apathiques en état de torpeur, on peut remarquer des erreurs dans les soustrac-

tions, les divisions, etc. Ces erreurs sont sous la
dépendance de l'aprosexie, de la fatigue, des stéréotypies, etc.

Hypermnésie. — L'hypermnésie est fréquente
chez les malades agités. Les uns racontent avec
une précision inouïe les moindres détails de leur
vie passée, d'autres récitent des pages entières de
V. Hugo, etc., sans sauter un vers, sans oublier un
mot. C'est la mémoire automatique qui fait les frais
de cette hypermnésie.

Le malade assiste à la poussée de ces réminiscences en spectateur, il ne peut ni les arrêter, ni
modifier leur cours.

Diamnèse. — Ce néologisme a été introduit en
psychologie au Congrès de Genève ; il sert à désigner la persistance de la mémoire à travers les
divers troubles de la conscience. La diamnèse se
rencontre chez certains hébéphréno-catatoniques
en stupeur ou à l'état de torpeur. Elle permet de
distinguer la démence précoce de la confusion
mentale. Dans cette dernière affection, l'amnésie et
l'état crépusculaire persistent longtemps après la
maladie.

Stéréotypie du souvenir. — Certains souvenirs
ont tendance à se répéter et à durer. Dans l'évocation spontanée ou provoquée, les souvenirs stéréotypés s'éveillent plus facilement.

Effacement des souvenirs. — Nous venons de
montrer que dans la démence précoce les souvenirs

ne sont pas détruits et qu'ils sont laissés à l'écart
par défaut d'évocation. Chez les malades plus profondément atteints, la désagrégation s'étend dans
le domaine de l'activité conservatrice.

Les souvenirs s'effacent de deux manières :

1° *Directement,* par l'intermédiaire du processus
morbide qui touche d'emblée les éléments psychiques.

Ce fait m'a paru en rapport avec la fréquence des
ictus et l'intensité du processus toxique. C'est
l'amnésie de conservation initiale qui rend le diagnostic très difficile avec la paralysie générale.

2° L'*amnésie indirecte* par « autonomie psychique » est la plus fréquente. Les éléments isolés ne
sont plus rappelés à la conscience et s'effacent progressivement. « Le dément précoce, dit Dromard,
est un riche dont les capitaux sont immobilisés. Plus
tard, il devient un pauvre affectif. »

Il serait intéressant de connaître l'ordre dans
lequel s'effacent les souvenirs chez les déments
précoces. Cette étude apporterait une contribution
utile à la mémoire de conservation.

Mais toutes les recherches psychologiques chez
les aliénés se heurtent à des difficultés extrêmes.
Leur état mental varie d'un moment à l'autre ; les
lésions de déficit s'accompagnent fréquemment de
lésions fonctionnelles et il est difficile de faire la
part de la démence, de l'amnésie de conservation.
Nous avons tenté quelques recherches sur ce sujet.

Malheureusement les résultats ne sont pas assez nombreux pour en tirer quelques conclusions générales.

Nous nous sommes servi de la méthode des récits et des autobiographies. Cette méthode ne peut être appliquée qu'aux malades calmes. Nous avons choisi un groupe de malades immobilisés depuis longtemps à la période résiduelle avec un déficit moyen et profond. Les malades ont raconté ou écrit les événements de leur vie, année par année, depuis leur enfance. Ces expériences ont été renouvelées tous les deux et trois mois.

Quand un malade a perdu le souvenir d'un événement, tantôt il ne répond pas, tantôt il répond par une erreur. Cette erreur peut être constante ou inconstante. Chaque fois nous avons noté les lacunes et les erreurs. Nous avons éliminé les erreurs inconstantes qui traduisent les troubles de la mémoire d'évocation et nous avons construit un tableau (pour chaque malade) avec les lacunes et les erreurs constantes. Ces dernières représentent les lésions systématisées de l'amnésie de conservation.

Voici les faits les plus importants que nous avons recueillis :

1° Dans un premier groupe, nous faisons rentrer les malades qui ont gardé le souvenir des événements importants de leur vie. Chaque fait est raconté avec des détails précis; les dates, les lieux, les noms propres ont été conservés intacts.

Le caractère principal de ce groupe de malades, c'est la disparition des états émotionnels.

Les souvenirs apparaissent, dans le jeu des associations des idées, dépourvus de toute teinte affective, sans joie et sans peine.

Les malades racontent la mort de leurs enfants, de leurs parents, etc., avec indifférence.

Une de nos malades décrit le suicide de son frère avec une très grande précision, mais aucun détail n'éveille en elle la moindre émotion.

La disparition des états émotionnels nous ramène aux troubles des sentiments. Nous avons considéré l'indifférence émotionnelle comme un phénomène complexe relevant de nombreuses causes. Parmi ces causes, la plus importante c'est l'*amnésie, l'oubli des états affectifs.*

Dans une série de travaux intéressants, Ribot a étudié un problème nouveau de la psychologie : la *mémoire affective.* Certains auteurs tendent à considérer cette mémoire comme une qualité spéciale appartenant à quelques types émotionnels. Cette conception nous paraît restreindre trop le domaine de la mémoire affective. Celle-ci doit comprendre tous les souvenirs affectifs purs. Il est d'observation courante que les émotions antécédentes sont une condition nécessaire à la production d'une émotion nouvelle.

C'est cette mémoire émotionnelle statique qui est touchée chez le dément précoce.

Au début, on peut expliquer les troubles intermittents des sentiments moraux, esthétiques, etc.,
la conduite étrange des malades, par *un trouble de
l'évocation des représentations affectives*. Plus tard,
l'atonie émotionnelle reconnaît des lésions destructives de la mémoire affective. *La reproduction des
souvenirs affectifs devient alors impossible*. Les
cérémonies religieuses laissent indifférents les mystiques; les fêtes et les anniversaires n'évoquent
plus de joie. Le retour dans la famille, la vue des
lieux d'enfance ne ressuscitent aucun sentiment
d'autrefois, ne font revivre aucune impression de
jadis.

La fête de Noël, qui est une grande fête dans
certains asiles, n'émeut pas les déments précoces.
C'est une date, un souvenir intellectuel, dépourvu
de toute émotion.

Il se dégage de ces faits que la paralysie affective
des déments précoces *est une amnésie de conservation émotionnelle caractérisée par l'oubli des états
affectifs*.

2° Dans le second groupe, nous avons placé les
malades chez lesquels l'amnésie porte sur les souvenirs intellectuels. C'est le groupe le plus vaste et
le plus difficile à étudier.

Nous n'avons trouvé aucun ordre dans la disparition de ces souvenirs.

Chez les uns, les souvenirs d'enfance ne laissent aucune trace, chez les autres les souvenirs

professionnels, les mieux organisés, disparaissent complètement.

Un de nos malades, instituteur, ne sait plus qu'il a exercé cette profession.

M. M..., professeur de grammaire, a totalement oublié ses connaissances scientifiques. Il parle comme un enfant en zézayant et construit des phrases puériles.

M. N..., dessinateur d'un grand talent, est incapable d'exécuter même un dessin simple. Malgré sa docilité et l'effort qu'il fait pour nous être agréable, il n'aboutit à réveiller aucun souvenir relatif à son ancien métier. Ballet a vu un cas analogue. Le malade était resté bon calculateur, mais il avait complètement perdu son aptitude pour la peinture et le dessin.

Les uns ont oublié le nom de leurs enfants, de leurs parents, etc., et racontent avec une précision inouïe tous les faits principaux qui se sont passés à l'asile depuis leur internement; les autres savent combien ils ont d'enfants et leurs noms, mais ils sont incapables de raconter les événements qui leur sont arrivés depuis le début de la maladie.

Parfois l'amnésie détermine une véritable dissection psychologique nettement systématisée sur un nombre d'années déterminé. Mlle P... a conservé les souvenirs de tous les événements qui se sont passés dans sa vie jusqu'à vingt ans. Elle ignore totalement ce qu'elle a fait entre vingt et trente

ans. Nous avons cherché en vain à raviver sa
mémoire en lui parlant de la mort de son père, etc.
Tout souvenir affectif et intellectuel a complètement disparu.

L'amnésie des déments précoces nous paraît être
lacunaire, comme celle des paralytiques généraux, etc.

Le processus morbide suit toujours la ligne de
moindre résistance; il s'attaque aux souvenirs les
plus faibles. Mais le coefficient de stabilité de ces
éléments est variable avec chaque individu. En
outre, le processus morbide ne présente pas toujours
le même degré de toxicité. La vulnérabilité inégale
des souvenirs et la variabilité de la virulence sont
suffisantes pour expliquer l'aspect irrégulier et lacunaire des lésions destructives.

Parmi les souvenirs qui résistent le plus longtemps on peut distinguer deux groupes :

a) Ceux qui font partie d'un agrégat complexe.

b) Ceux qui ont été le plus souvent répétés.

a) La conservation d'un souvenir (comme sa réviviscence) est en raison directe de sa complexité
et par conséquent en raison inverse de sa simplicité.

Parmi les souvenirs complexes, les souvenirs
d'origine émotionnelle occupent le premier plan.

L'émotion a un double pouvoir : *désorganisateur*
et *organisateur*.

Dans ce dernier cas, elle fait cristalliser autour

d'elle un grand nombre de représentations et constitue un agrégat riche en associations.

La joie, la douleur, la peur, etc., sont des causes
fondamentales qui président à la fixation des souvenirs.

Dans la démence précoce, les souvenirs les plus
stables sont ceux qui ont été fortement imprimés
par un état émotionnel.

L'élément affectif disparaît, ne se ravive plus ou
n'est plus capable d'aider à la production d'une
émotion analogue, mais les représentations intellectuelles survivent, plus ou moins coordonnées,
plus ou moins indépendantes.

Chez les déments précoces, comme chez l'être
normal, les traces des impressions dominantes,
des émotions principales sont les plus profondes et
celles qui résistent le plus aux causes dissolvantes.

La plupart des délires, des stéréotypies, etc., ont
pour origine un souvenir ou un fragment de souvenir fixé par un état émotionnel.

Un des caractères principaux de ces souvenirs,
c'est qu'ils naissent d'une manière indépendante et
qu'ils ne font plus partie intégrante du moi. Ils
vivent isolés et n'ont plus de vitalité car ils ont
perdu la souplesse de s'adapter aux changements
du milieu et d'agir sur le présent. Aucune circons-
tance n'est capable de les raviver, ils sont à jamais
morts pour l'activité intellectuelle.

Certains vivent indéfiniment comme des « corps

étrangers » ; d'autres se désorganisent jusqu'à l'incohérence.

b) Les souvenirs stables à formule uniforme et souvent répétés appartiennent, les uns à la mémoire sensorielle, les autres à la mémoire motrice.

Les souvenirs musicaux renferment à la fois des éléments sensoriels et moteurs. Ils persistent parfois longtemps.

Les actes automatiques, les habitudes, etc., qui supposent le minimum d'effort mental constituent, par leur répétition et leur systématisation solide, les souvenirs les plus stables et les plus résistants.

La destruction de la mémoire ne suit pas la ligne de moindre résistance indiquée par Ribot, mais elle finit toujours par les formes inférieures de l'activité mnésique : mémoire sensorielle et mémoire motrice.

3° Dans un troisième groupe, nous avons placé les malades incohérents qui présentent des *troubles des représentations.*

Masselon a particulièrement bien mis en évidence l'imprécision et l'effacement des images et il a montré l'influence de. ces troubles sur l'activité délirante.

L'effacement des représentations suit parfois un ordre qu'il est utile de mettre en évidence.

Dans une phrase, il y a lieu de distinguer trois éléments principaux : le *rythme* qui est en rapport avec le langage émotionnel ; la *sémantique* ou la signification des mots et la *syntaxe.*

Chez le dément précoce le rythme disparaît avant la sémantique et la sémantique avant la syntaxe.

Les lésions de la sémantique sont en rapport avec l'effacement des images.

Lorsqu'on suit de près un malade chez lequel l'incohérence fait des progrès rapides, on est frappé de la disparition initiale de la signification des éléments grammaticaux qui établissent les rapports ou les nuances de rapports entre les idées. Le malade passe d'une idée à l'autre avec une très grande facilité. Les liens de la syntaxe (« mais », « par », « si », etc.) sont placés au hasard et unissent des phrases disparates.

En voici des exemples :

« Il faut que je parte le jour de l'an *pour* le jour de Pâques, *mais* ma première communion est partie *pour* le jour de Pâques, etc. »

« Je ne suis pas un soldat, *mais* l'affaire à des agents. Je ne sais pas si à Sainte-Geneviève c'était comme cela, *mais* comme je tenais à rester au milieu d'une grande propriété, etc. »

Il est à remarquer que certaines phrases sont bien construites au point de vue de la syntaxe et paraissent avoir un sens logique, et que l'incohérence se montre dans le passage d'une idée à l'autre, dans les liens des phrases.

Les substantifs, les adjectifs, les verbes font souvent tous les frais du langage de ces malades ; les conjonctions, les prépositions sont ~de moins en moins nombreuses.

La perte de la signification de ces liens grammaticaux aboutit à l'oubli des règles de la syntaxe et à la construction de phrases de plus en plus incohérentes.

Certains malades parlent « nègre », d'autres écrivent en « style télégraphique », Masselon a décrit une *forme puérile* de la pensée chez les déments précoces caractérisée par l'oubli des formules grammaticales.

Enfin les substantifs, les adjectifs, etc., finissent par s'effacer et disparaître. Les néologismes démentiels, qui représentent le dernier degré de l'effacement des images, sont construits avec les débris de tous ces éléments.

L'incohérence des déments précoces n'a fait l'objet d'aucune étude approfondie. Elle mérite l'attention des psychologues, car elle ouvre des horizons nouveaux à l'étude de la mémoire des signes et à celle de la loi de dissolution verbale de Küsmaul.

D. — TROUBLES DE L'ACTIVITÉ PSYCHO-MOTRICE

ABOULIE. DYSPRAXIES IDÉATOIRES. ACTES AUTOMATIQUES

L'activité psycho-motrice est le seul réflecteur qui nous révèle plus ou moins fidèlement les modifications de la vie psychique ; on peut la considérer comme une activité idéo-affective qui s'extériorise.

Elle nous a fait connaître les lésions des sentiments, des émotions et de l'activité intellectuelle.

L'étude spéciale des diverses manifestations de l'activité psycho-motrice nous fera mieux comprendre les lésions qui précèdent et la multiplicité d'aspects du processus morbide.

Nous distinguons trois sortes de troubles psycho-moteurs chez les déments précoces : l'*aboulie*, les *dyspraxies* et les *actes automatiques*.

L'*eupraxie consciente et réfléchie*, c'est-à-dire la faculté d'agir conformément à un but et à un motif, répond à un processus complexe.

S'il s'agit d'exécuter un ordre verbal, il faut que cet ordre soit entendu et compris et si l'ordre en question implique le maniement de tel ou tel objet, il faut encore que cet objet soit identifié ou reconnu ; autant de conditions primordiales qui nécessitent l'intégrité des voies psycho-sensorielles.

Ces conditions étant réalisées, on peut reconnaître plusieurs moments dans l'accomplissement d'un acte volontaire : 1) La *conception* de l'acte ; 2) la *délibération* ; 3) l'*exécution,* qui est extérieure à l'activité psychique ; elle appartient à l'appareil neuro-musculaire.

La *délibération* est composée d'une série de phénomènes où l'acte est vérifié, choisi, élaboré et adapté.

a) La *vérification* a pour but d'accepter ou de

rejeter l'idée de l'acte après examen sérieux (jugement, etc.).

b) La *sélection* suppose le conflit des motifs et le jeu des mobiles. Lorsque le choix a été fait, il y a arrêt des motifs faibles et systématisation des motifs prédominants.

c) L'*élaboration* construit l'acte choisi. L'architecture de cet acte est constituée par une idée directrice et des idées partielles. Pour exécuter un acte très simple, il faut non seulement la représentation du résultat final désiré, mais la représentation des actes partiels adéquats. Quel que soit l'acte, l'idée directrice naît toujours avec son antagoniste. A l'état normal, l'idée de contraste est réduite immédiatement après son apparition. Son rôle est d'orienter les volitions, de rectifier certains détails, d'éviter certaines fautes, de préciser les mouvements.

L'association par contraste est une activité mentale d'ordre supérieur, un moyen de perfectionnement à condition de ne pas entrer en scène. Nous verrons qu'elle joue un rôle important dans l'activité psycho-motrice de nos malades.

Une fois que l'acte a été construit et l'idée antagoniste supprimée, il n'y a plus qu'à l'adapter exactement à l'excitation qui l'a provoqué.

d) L'*adaptation* suppose la perméabilité des voies psycho-motrices et l'intégrité des images kinesthésiques.

Comme nous le voyons, la délibération est la phase la plus importante de l'activité volontaire. Elle est l'œuvre de la réflexion et de l'éducation. Elle coordonne et harmonise les identités et les contradictions de façon à ce que tout converge vers le but à atteindre. La coordination idéo-motrice se résume en « unité, stabilité et puissance » (Ribot). Nous devons trouver ces trois phénomènes à la base de toutes les manifestations conscientes et réfléchies de la volonté.

ABOULIE

Masselon considère l'aboulie comme un trouble fondamental de l'état psychique des déments précoces.

— Les troubles de la volonté sont inséparables des troubles de l'affectivité.

Qu'est-ce qu'un acte, sinon la force affective d'une idée qui se déverse dans un groupe de muscles ?

Ribot a démontré que l'idée, sans ordre ému, est incapable de mouvoir la main même pour une signature.

La puissance de l'effort est proportionnelle à la force de ces « ordres émus ».

Les déments précoces ne peuvent plus réunir en un faisceau cohérent toutes les puissances affectives propres à soutenir la volonté contre l'inertie déterminée par le processus morbide.

Cette incapacité d'effort est un des caractères

essentiels des troubles de l'activité psycho-motrice de ces malades. Elle se montre surtout dans les actes nouveaux parce qu'ils nécessitent pour leur accomplissement une synthèse nouvelle, un effort de création. Ce *misonéisme* est à la base d'un grand nombre de manifestations psychiques.

L'*aboulie*, l'*incapacité* d'effort est une incoordination volitionnelle, mais qui réside dans l'insuffisance des sentiments, des désirs, des tendances. Ces forces instigatrices d'actes sont affaiblies chez les déments précoces.

Masselon, dans sa thèse, a bien montré le rapport qui existe entre le désir et l'activité volontaire chez ces malades.

« Toute volition, dit Payot, est précédée d'une onde émotive, d'une perception affective de l'acte à accomplir. »

Si l'on regarde un dément précoce accomplir un acte, qui devrait éveiller en lui une émotion agréable : écrire à sa famille, jouer du piano, etc., on est frappé de cette absence d'onde émotive, qui pousse à agir. Les actes sont exécutés machinalement, sans désir et sans agrément.

Chez certains malades, les manifestations sensorielles de l'affectivité inférieure peuvent devenir des sources d'activité.

Masselon soumettait une malade à toutes les épreuves de psychologie expérimentale sur la promesse d'un morceau de chocolat.

PASCAL. 7

Un de nos malades, ancien instituteur, ne travaille que lorsqu'on lui donne un sucre d'orge.

L'aboulie domine toute la symptomatologie des déments précoces. Nous étudierons ses caractères cliniques dans le chapitre du syndrome catatonique.

DYSPRAXIES

Depuis les travaux de Liepmann sur l'apraxie motrice et ceux de Pik, Heilbrönner, Bonhœffer, Marcuse, Herzog, Dromard, Mlle Pascal, etc., sur l'apraxie idéatoire, des lumières nouvelles ont été projetées sur la pathologie de l'activité psycho-motrice.

L'apraxie idéatoire est un trouble de la conception de l'architecture de l'acte caractérisé par l'incapacité d'exécuter des mouvements adaptés à un but et cela malgré la conservation de la force musculaire et l'intégrité de l'activité psycho-sensorielle.

L'apraxie proprement dite est rare; les dyspraxies sont plus fréquentes.

On ne peut comprendre certaines excentricités et bizarreries des déments précoces qu'en étudiant les diverses modalités de la *dyspraxie idéatoire*.

Avec Pik et Dromard nous distinguons : *la dyspraxie par suspension; la dyspraxie par substitution; la dyspraxie par interversion; la dyspraxie par anticipation.*

Dyspraxie par suspension. — Ce trouble est une dyspraxie par aprosexie. L'attention s'épuise au cours de l'exécution de l'acte et laisse échapper l'idée directrice ; il en résulte que le mouvement à peine ébauché est suspendu.

Dyspraxie par substitution. — Dans cette sorte d'actes, l'attention volontaire abandonne l'idée directrice pour une autre représentation. L'acte évoqué primitivement se laisse suppléer d'une manière fortuite par un acte tout différent.

La représentation étrangère qui vient se substituer à la représentation initiale est sous la dépendance soit d'une association provoquée (impressions extérieures, etc.), soit d'une association spontanée (par contiguïté, par analogie, par contraste).

Dans certains cas, les stéréotypies s'interposent à tout propos dans le champ de la conscience et remplacent l'acte initial.

La dyspraxie par substitution se manifeste chez les déments précoces dans les actes spontanés ou provoqués les plus simples. Ces malades n'atteignent que rarement le but proposé ; une foule de mouvements inutiles viennent heurter et couper la continuité de l'acte.

En voici un exemple :

M. Ch..., avant de se mettre à table, va cracher plusieurs fois dans la cour, il revient avaler une cuillerée de soupe et retourne cracher.

Il revient, tape sur les portes, gratte les murs, tire son chat par la queue, caresse son chien, frappe le sol avec ses pieds, s'assied sur la cheminée et recommence à manger. A chaque bouchée, il pose l'assiette sur ses genoux, sa tête et ensuite sur la table; il promène sa cuiller derrière ses oreilles, dans ses cheveux et la porte ensuite à la bouche. Lorsqu'on l'appelle, il fait quelques pas, retourne tout à coup dans une direction opposée. Il ramasse un caillou, frappe un arbre, s'assied par terre, se relève brusquement et finalement il vient vers nous.

Jamais il ne peut accomplir d'emblée un acte, suivre une orientation directe. A chaque moment il se laisse entraîner par d'autres qu'il commence et ne finit jamais.

La dyspraxie par substitution présente de nombreuses variétés. Parmi celles-ci, la plus importante en raison de sa fréquence, c'est la *parapraxie par contraste psychique*. Dans cette variété, l'idée principale est délogée par la représentation antagoniste.

Guilguet, élève de Régis, a publié, dans sa thèse, une observation très intéressante qui montre la lutte entre l'idée directrice, volontaire, et l'idée antagoniste. Celle-ci finit par triompher et devient centre d'action.

Le malade X... entre dans une église et a la ferme intention de conserver une tenue correcte et une attitude recueillie, mais il est pris subitement de l'envie de danser, de crier, de faire du scandale. Il veut prier, mais des mots orduriers se présentent à son esprit; il articule même des blasphèmes à voix basse dans lesquels les noms de Dieu et de la Vierge se trouvent liés à des épithètes abominables.

L'association par contraste est à la base d'une foule de manifestations psycho-motrices : sourire, rire, réflexions ironiques, etc.

Elle se montre tantôt en lutte avec l'idée directrice, tantôt sans lutte comme dans le *négativisme actif, automatique*.

Dyspraxie par interversion. — Dans ce troisième groupe de faits il y a incoordination entre les actes partiels ou changement de rapport entre les différents chaînons du complexus kinéthique.

Un malade de Dromard voulant cacheter une enveloppe, alors qu'il tenait un verre à la main, dépose l'enveloppe sur la table et promène sa langue sur les bords du verre.

La dyspraxie par interversion appartient aux états transitoires, crépusculaires, confusionnels et aux états d'affaiblissement démentiel profond.

Dyspraxie par anticipation. — Dans cette variété, il y a suppression des actes intermédiaires, l'idéation ne s'occupe plus que du but final, du processus moteur. Les malades boivent leur potage dans l'assiette, avalent avant d'introduire les aliments, mettent leurs bottines sans bas, leur robe sans chemise, etc.

Dans la dyspraxie par substitution, il y a omission

de tous les actes partiels et prédominance de l'idée
finale.

Les troubles dyspraxiques sont des troubles de
l'incoordination idéo-motrice. Ils nous montrent
que l'activité volontaire du dément précoce est incapable « d'unité, de stabilité et de puissance ».

A la période prodromique, on les rencontre dans
les moindres détails de la vie journalière parmi les
« excentricités » et les « bizarreries » qui inquiètent
l'entourage.

A la période initiale, ils accompagnent les états
confusionnels, maniaques, etc.

Les dyspraxies idéatoires traduisent le moindre
malaise de l'attention volontaire. Elles se manifestent
dans tous les états mentaux où la puissance de l'attention volontaire est diminuée : fatigue, distraction,
psychoses variées, etc. Elles n'ont, par conséquent,
aucune valeur diagnostique.

Mais dans la démence précoce, elles sont caracté-
ristiques par leur fréquence et leur permanence.

ACTES AUTOMATIQUES

Plusieurs auteurs (Baillarger, Griesinger, Janet,
Grasset, etc.) ont insisté sur l'importance de l'automatisme dans les maladies mentales.

Cette activité simple à formule uniforme, composée d'éléments stables et qui n'exige aucun effort

mental, prédomine chez les déments précoces, dont le pouvoir de coordination est supprimé.

La vie psychique est soumise aux mêmes lois que la vie organique. Quand un organe est particulièrement détruit, la partie subsistante tend à maintenir l'équilibre en exécutant un surcroît de travail.

La prédominance de l'automatisme dans la démence précoce apparaît comme une activité vicariante qui supplée à l'activité de coordination.

Les actes automatiques constituent le chapitre le plus important de l'activité psycho-motrice des déments précoces.

La plupart des auteurs rangent parmi les actes automatiques : le *négativisme*, la *suggestibilité*, les *stéréotypies*, les *impulsions*. Mais l'étude de ces faits permet de constater qu'ils englobent des phénomènes de valeurs différentes.

Le négativisme et les stéréotypies d'origine hallucinatoire et délirante sont des troubles de l'activité volontaire. Certaines formes atténuées de négativisme (empêchement psychique, etc.) sont souvent des troubles abouliques, dyspraxiques et témoignent d'une faiblesse du pouvoir de coordination.

Nous chercherons à montrer les différents aspects de ces troubles psycho-moteurs et la difficulté qu'il y a de les ranger tous dans le même cadre.

Négativisme.

Bien avant Kahlbaum, Morel a étudié le négativisme sous le nom de nihilisme. Ce phénomène est caractérisé « par une tendance permanente et instinctive à se raidir contre toute sollicitation venue de l'extérieur, quelle qu'en soit la nature » (Kahlbaum).

On peut également définir le négativisme : *une contracture psycho-motrice qui exprime la tendance générale à résister contre toute modification soit extérieure, soit intérieure.*

Son intensité est variable, tantôt il se traduit par de la gêne et de l'hésitation, tantôt par de l'obstination simple ou par une résistance insurmontable.

Le négativisme peut être généralisé ou localisé sur un groupe de muscles ; appareil de phonation, de mastication, muscles de la vessie, etc., ou sur la moitié du corps (héminégativisme) ou seulement sur un segment de membre, la main principalement.

Le négativisme porte sur les phénomènes les plus simples de l'activité psycho-motrice. Les malades ne supportent aucun vêtement. Ils n'entrent plus dans leur lit, se couchent sur la couverture, sous leur lit ou sous celui des autres. Dès qu'on s'approche d'eux, ils reculent, se cachent dans un coin, ferment les yeux, se raidissent et tiennent fortement ce qu'ils ont saisi. Ils se laissent traîner ou même soulever comme un paquet, sans changer le moins du monde la position de leurs membres contracturés.

Toute tentative pour corriger leur attitude exagère le négativisme. On sent que chaque muscle se raidit avec une énergie croissante. Si on veut redresser la tête, aussitôt elle retombe en avant quand on la lâche. Si on produit un mouvement d'extension, une contracture antagoniste se manifeste et la tête se fléchit. Si on veut leur faire quitter leur place, ils résistent jusqu'à perdre l'équilibre et ils y retournent dès que la force a cessé.

Le négativisme s'étend aux actes mêmes de la vie végétative. Le malade résiste à ses besoins, retient ses urines et ses matières fécales. Si l'on ne sonde pas le malade, la rétention d'urine dure jusqu'à ce que la vessie se vide par regorgement. Malgré la fréquence de la rétention d'urine chez les déments précoces, on n'a pas encore signalé des phénomènes infectieux.

La salive est gardée longtemps dans la bouche pour s'écouler ensuite en filets ou bien goutte à goutte sur le menton et les vêtements, en partie parce que la sécrétion est exagérée, mais aussi parce qu'il y a contracture des muscles de la déglutition.

Le négativisme coexiste toujours avec un certain degré d'irritabilité. Une malade de Meeus devenait

blanche de colère et tombait en syncope toutes les
fois qu'on la forçait de changer de place.

*Le négativisme se manifeste souvent au com-
mandement.* « Non seulement, dit Kraepelin, il
est possible de faire avancer le malade en le tirant
en arrière d'une façon manifeste, mais encore il
s'assied sur sa chaise aussitôt qu'on lui commande
de marcher, etc. »

*Le négativisme peut cesser après des insistances
répétées.* Comme dans les moteurs mécaniques,
c'est le *démarrage* qui est le plus difficile, tandis
que la marche ultérieure est facilitée. Si l'on fait
dire l'alphabet de A à Z à un dément précoce, on
n'a souvent d'abord aucune réaction, et à la qua-
trième, huitième ou dixième incitation, il cite tout
l'alphabet avec une très grande rapidité; souvent on
a de la peine à l'arrêter. Ce phénomène a été étudié
par Kraepelin sous le nom de *barrage de la volonté.*

Kraepelin et Weigandt attachent une importance
très grande à cette réaction; sa présence dans les
états de stupeur permettrait d'éliminer la folie maniaco-dépressive, etc.

D'après nos observations, le barrage de la volonté
est inconstant dans la démence précoce et peut se
rencontrer dans la mélancolie.

Les formes légères du négativisme se manifestent
par des mouvements de contrainte et d'indécision
qui ont été désignés par Finzi et Vedrani sous le
nom *d'empêchement psychique.*

« Chez certains malades, dit Deny, on remarque une ébauche nécessaire à l'accomplissement de l'acte volontaire. La face se colore, devient anxieuse, puis ces mouvements de reptation s'arrêtent, et le peu de terrain gagné est subitement perdu par l'arrivée d'une brusque contraction antagoniste. »

Au négativisme, se rattachent plusieurs phénomènes essentiels de la démence précoce : *le mutisme, la sitiophobie, la malpropreté, l'analgésie, le symptôme de Ganser, la main négativiste.*

Nous étudierons le mutisme et le symptôme de Ganser avec les troubles du langage.

Sitiophobie. — La sitiophobie est extrêmement fréquente dans la démence précoce. Le malade cesse brusquement de manger et ne veut plus s'alimenter. Il serre avec énergie les deux maxillaires dès qu'on approche la cuiller. D'autres ont du négativisme électif pour tel ou tel aliment : viande, légumes, etc.; certains refusent avec opiniâtreté la part qu'on leur a réservée et s'emparent avec ruse et violence des portions de leurs voisins, qu'ils dévorent en hâte.

La sitiophobie des déments précoces peut durer des mois et des années (quinze ans dans une observation personnelle); elle cesse brusquement comme elle a commencé, pour faire place à une grande voracité. Le changement de milieu modifie souvent le refus d'aliments.

Malpropreté. — La malpropreté se présente avec la même fréquence que la sitiophobie.

Les déments précoces sont les aliénés les plus sales. Ils refusent de se laver, de se peigner, de s'habiller, comme ils refusent de manger. On les distingue des autres malades par la négligence de leur tenue.

Ils salissent leurs vêtements, leur lit, la place où ils sont assis d'une façon repoussante par leurs crachats, leurs urines et leurs matières fécales.

Analgésie. Aanesthésie. — L'analgésie et l'anesthésie des déments précoces sont souvent sous la dépendance des manifestations négativistes.

Les catatoniques négativistes ne réagissent pas aux piqûres d'épingles et ils résistent à la douleur avec une énergie surprenante. Les signes physiques de la douleur : dilatation des pupilles, tachycardie, clignement des paupières, rougeur vive ou sudation du visage montrent que les sensations sont perçues mais qu'une force négative trouble l'expression de l'activité volontaire.

Dans les états de stupeur profonde, toute réaction a disparu. Les piqûres profondes ne provoquent aucune dilatation pupillaire, contrairement à ce qui se passe chez l'individu normal (Coppiali).

Main négativiste. — La main des déments précoces présente trois réactions intéressantes : *le négativisme, la docilité, la persévération.*

La main négativiste se manifeste au commandement ou spontanément. Les doigts sont fléchis à
l'extrême et les ongles pénètrent dans la paume de
la main et y déterminent de profondes empreintes.
Une malade de Kraepelin fermait si fortement la
main qu'elle eut une érosion au point de contact.

La main négativiste serre solidement entre les
doigts tout ce qu'elle touche. Lorsqu'on arrive à
vaincre sa résistance, on peut trouver dans la paume
de la main des morceaux de papiers, du pain, des
boutons arrachés, des lambeaux de vêtements
déchirés, etc.

Cette réaction est extrêmement intéressante; elle
peut exister à l'*état isolé,* indépendamment de tout
autre phénomène catatonique.

Parfois elle coexiste avec l'hémisuggestibilité du
côté opposé. Chez quelques malades, nous avons
constaté un phénomène curieux : la *syncinésie
négativiste.* Dit-on au malade de saisir un objet de
la main droite, brusquement il manifeste une réaction contraire de la main gauche.

La main négativiste peut persister fort longtemps
sans intermittences et donner lieu à des troubles de
la nutrition : *œdème, éruptions, amyotrophies.*

Dans un travail intéressant, Nouet et Trepsat ont
étudié un cas de démence précoce avec amyotrophies portant sur les éminences thénar et hypo-
thénar avec rétraction des tendons fléchisseurs.
Ces troubles trophiques avaient été déterminés par

le négativisme stéréotypé de la main correspondante.

La main négativiste n'a pas encore été étudiée par les aliénistes. Nous ne saurions trop insister sur son importance clinique. Elle doit être recherchée soigneusement dans toutes les formes de la démence précoce. Par une rééducation spéciale (mouvements de flexion et d'extension) ou par le massage et l'électrothérapie, on peut éviter les troubles trophiques.

Pathogénie. — Kahlbaum considérait le négativisme comme un spasme musculaire. C'est à Kraepelin que revient l'honneur d'avoir démontré son origine psychique.

Pour certains auteurs, Bleuler, Vogt, etc., il se produit par voie réflexe une activité anormale des muscles antagonistes. Mais, comme l'a fait remarquer Meeus, « l'image de la résistance des déments précoces est tout autre : ce n'est pas une lutte entre les groupes musculaires, mais une synergie remarquable absolument coordonnée vers une résistance déterminée et, dans les actions contraires surtout, se révèle bien l'origine cérébrale, psychique de leur négativisme ». Pour cet auteur distingué, le négativisme est un état d'inhibition qui exerce sur les malades une « influence tyrannique ».

La théorie de l'arrêt psychique est le plus généralement admise.

L'inhibition est un des problèmes les plus obscurs de la physiologie. En psychologie, elle est considérée comme une forme supérieure de la volonté qui implique une coordination parfaite des éléments idéo-moteurs.

L'interférence psychique, comme l'interférence nerveuse, est un phénomène complexe où l'activité mentale déploie des forces contraires et simultanées qui luttent et se neutralisent.

Ce qui manque aux déments précoces, c'est de pouvoir coordonner en un faisceau cohérent les éléments idéo-moteurs et neutraliser les forces contraires. *L'inhibition, au sens psychologique du mot, est une des premières manifestations qui disparaît dans la démence précoce.* Pour admettre la théorie de l'inhibition, il faut préciser le sens de ce mot.

Nous avons noté que le négativisme, comme la plupart des troubles psycho-moteurs, englobait des manifestations morbides de valeurs différentes. Il n'est pas sans intérêt, au point de vue du diagnostic et du pronostic, de chercher la véritable signification psychologique de chaque cas particulier.

Lorsqu'on cherche à pénétrer dans la complexité des causes morbides, on se heurte à des difficultés extrêmes.

En l'état actuel de la psychiatrie, quelle que soit la manière dont nous nous représentons la vie mentale, les conditions intérieures des troubles psychiques nous échappent. On peut marquer quelques rapports abstraits, quelques analogies, mais la véritable cause restera inconnue.

Il y a un moyen de vérifier les interprétations pathogéniques, c'est de les appuyer constamment sur les faits concrets et l'observation directe.

L'étude du négativisme permet de réduire ses variétés nombreuses à deux types fondamentaux ; *le négativisme passif* et *le négativisme actif*.

Dans le négativisme passif, il y a faiblesse des incitations motrices; dans le négativisme actif, le malade déploie une véritable « énergie négative ».

Négativisme passif. — Le négativisme passif se manifeste dans l'*empêchement psychique*, le *barrage de la volonté* et les *états de stupeur profonde*.

Dans *l'empêchement psychique*, les mouvements d'irrésolution sont comparables au tremblement d'un membre. Ils sont composés d'une série de contractions successives incapables de se combiner, de se lier de manière à constituer un ensemble harmonieux. Ce *tremblement psychique* provient de la faiblesse des incitations ou de leur action éphémère. Le « je veux » est conçu, mais les excitations sont si faibles que le plan de l'acte ne peut être achevé; l'idée directrice disparaît, faute d'énergie.

Le barrage de la volonté de Kraepelin permet encore mieux de se rendre compte de la faiblesse des incitations volontaires, de l'incapacité d'effort. Les excitations répétées éveillent l'attention, les images kinesthésiques, et renforcent progressivement les incitations motrices jusqu'à ce qu'elles deviennent capables de briser la « barrière » que les toxines paralysantes opposent à chaque instant aux éléments de la volonté.

Le négativisme passif des états de stupeur profonde traduit l'inertie organique et l'aboulie. Ce trouble donne aux malades une attitude de raideur, de fixité qui rappelle l'immobilité des statues. On peut comparer ces négateurs passifs à un individu extrêmement fatigué, qui n'a plus la force de se mouvoir, qui garde ses membres dans une attitude de contracture, de défense, et s'oppose à tout changement extérieur. *C'est un état de misonéisme où tout effort est impossible, où l'incitation volontaire cesse d'elle-même, car elle n'est soutenue ni par l'attention ni par les états affectifs.*

Négativisme actif. — Oppositionisme. — Dans le négativisme actif, les malades déploient une énergie négative extraordinaire qui contraste avec leur inertie morale habituelle. Le négativisme actif peut être : 1° conscient et volontaire; 2° conscient, subconscient ou inconscient et involontaire.

Dans le premier cas, il est sous la dépendance de l'activité délirante et hallucinatoire. Le mutisme, la sitiophobie ont fréquemment un substratum idéo-affectif comme chez les mélancoliques, les persécutés, etc.

. Dans le second cas, il relève d'une opposition active irraisonnée et automatique. C'est le négativisme « élémentaire, universel, sans justification, sans délire, sans hallucinations, sans douleur morale » (Séglas).

Si l'on interroge ces malades sur la raison de cette opposition générale, les uns répondent qu'ils ne savent pas, d'autres qu'ils sont forcés, qu'ils ne peuvent pas faire autrement.

Comment peut-on interpréter ce phénomène?

Weigandt, Pik, Scherrington, Régis, Séglas le considèrent comme le résultat de l'organisation de l'idée antagoniste de l'acte à exécuter. C'est l'interprétation à laquelle nous nous rallions.

. Nous avons montré qu'à l'état normal, l'association par contraste est une condition de précision, qu'elle doit aider, fortifier l'idée première et non lui nuire. Chez le dément précoce, elle sort de l'ombre, déloge l'idée principale et devient centre d'action.

L'oppositionisme actif est une variété de dyspraxie par substitution, une parapraxie par contraste psychique.

Le processus morbide crée un état de monoïdéisme dans lequel l'idée de l'acte à exécuter est remplacée par la représentation opposée qui *s'extériorise, prédomine et dure.*

A chaque sollicitation, il y a renforcement de l'énergie négative, et plus la force de sollicitation agit, plus le négativisme devient opiniâtre.

Suggestibilité.

PERSISTANCE DES IMAGES KINESTHÉSIQUES. IMITATION AUTOMATIQUE

« La suggestibilité consiste en une tendance générale, permanente et instinctive à adopter toute sollicitation venue de l'extérieur, quelle qu'en soit la nature. » (Deny et Roy.)

La suggestibilité des déments précoces est apparemment analogue à la catalepsie des hystériques.

C'est un état de *flexibilité cireuse* des muscles qui permet aux malades de garder les attitudes les plus pénibles qu'on leur imprime, et *de docilité* dans l'exécution des ordres les plus absurdes.

L'intensité de la suggestibilité varie depuis la docilité simple jusqu'à une réceptivité passive de l'esprit, telle qu'il suffit, comme chez le malade de Masselon, d'écrire au tableau noir : « levez le bras », pour que ce mouvement soit immédiatement accompli.

L'immobilité, la continuation et la persistance de toutes les modifications sont les caractères principaux des états cataleptiques.

Les membres n'obéissent plus aux lois de la pesanteur, ils restent immobiles à la place où on les a laissés. Ils ne sentent plus la fatigue; au lieu de trembler, ils demeurent en l'air sans bouger. Au bout d'un certain temps, la descente du bras se fait lentement, sans secousses et sans oscillations.

L'absence de fatigue permet aux malades de sup-

porter les attitudes les plus pénibles. Les « poses
cataleptiques » des déments précoces sont souvent
spontanées. Les malades prennent eux-mêmes les
positions les plus étranges.

Il est intéressant d'attirer l'attention sur la *coordination parfaite des mouvements cataleptiques.*
Comme l'équilibriste, le dément catatonique maintient l'immobilité du corps grâce au jeu complexe
des associations kinesthésiques. Si l'on commande
au malade de se tenir sur une jambe, les bras et la
partie supérieure du corps oscillent, se portent en
avant jusqu'à ce que l'équilibre soit parfait. Si l'on
fléchit la tête, tout le corps se soulève et les mouvements se coordonnent pour maintenir la position
initiale.

Malgré l'intensité de la flexibilité cireuse, la suggestibilité des déments précoces est *plus restreinte*
que celle des hystériques. Chez ces derniers
on peut provoquer des hallucinations, des paralysies
et des états émotionnels correspondants à l'attitude
générale. Janet mettait les mains d'une malade dans
la position de la prière, et la figure prenait une
expression extatique.

Dans la démence précoce, les associations des
états kinesthésiques avec les états cénesthésiques,
sensoriels, psycho-mimiques sont absolument impossibles. On peut faire prendre aux déments précoces des attitudes correspondant à la colère, à la
joie, à la tristesse, etc., mais le visage restera

immobile et indifférent. L'absence de réactions émotionnelles du visage est un signe caractéristique de la suggestibilité des déments précoces.

Persistance des images kinesthésiques (*Persévération des Allemands*). — La contraction musculaire qui conserve l'attitude présente quelque chose de l'inertie ; il y a incapacité purement psychique de rien changer à l'attitude préexistante des muscles :

Lorsqu'on fait exécuter un mouvement aux membres supérieurs, tel que lever et abaisser à plusieurs reprises l'un des bras, on voit le mouvement continuer quelque temps après qu'on a cessé de l'imprimer.

Chez quelques malades, on peut remarquer la propagation du mouvement au côté opposé du corps : les deux membres supérieurs se lèvent et se baissent en même temps.

Cette « syncinésie » est à rapprocher de celle que nous avons signalée dans le négativisme.

Les mouvements d'élévation et d'abaissement des membres supérieurs servent à connaître le degré de suggestibilité, la persistance des images kinesthésiques, l'aptitude cataleptique de ces malades.

Alternatives de suggestibilité et de négativisme.

La suggestibilité peut durer longtemps, mais il y a toujours des moments où survient un changement subit.

La catalepsie se transforme en négativisme et inversement. Dans d'autres cas, les deux états coexistent. Chez une de nos malades, nous avons constaté, au même moment, la flexibilité cireuse des membres supérieurs et une résistance invincible des muscles fléchisseurs de la tête ; une autre fois, elle présentait de l'hémicatalepsie droite et de l'héminégativisme gauche.

La suggestibilité et la persévération peuvent être généralisées ou localisées dans un département fonctionnel.

La suggestibilité partielle se manifeste dans le *signe de la langue de Kraepelin, dans la main passive et persévératrice et dans l'activité d'imitation.*

Signe de la langue de Kraepelin. — On peut mettre en évidence ce signe en commandant aux malades de montrer leur langue pour qu'on la pique avec une épingle.

Bien qu'ils comprennent ce qu'on va leur faire, ils tirent la langue avec docilité et ne manifestent aucune résistance, même si les piqûres sont douloureuses.

« Souvent, dit Kraepelin, on peut renouveler cette expérience et la réussir à volonté. Les malades, à chaque piqûre, contractent douloureusement le visage, mais ils sont incapables d'interrompre l'impulsion déchaînée par le commandement ou de se soustraire à la piqûre qui les menace. »

On remarque le même phénomène lorsqu'on dirige l'épingle ou la pointe d'un instrument tranchant vers le globe oculaire.

Main docile. — La main docile, cireuse ou passive, est un phénomène de catalepsie partielle. Elle fait un contraste curieux avec la main négativiste. Les doigts flexibles prennent facilement toutes les attitudes qu'on leur imprime : main en griffe, en extension, etc. Comme la main négativiste, la main docile peut exister isolée, indépendamment des autres phénomènes de suggestibilité. Elle s'associe ou alterne fréquemment avec la main négativiste et persévératrice.

Main persévératrice. — Ce phénomène catatonique se manifeste spontanément ou lorsqu'on dit au malade de saisir un objet. La main prend une attitude crispée et s'accroche comme une griffe à ce qu'elle touche. Si on retire l'objet, la main libre demeure longtemps après comme tétanisée, dans la même position.

La main docile et persévératrice, comme la main négativiste, n'ont pas encore été étudiées. Elles méritent une attention spéciale en raison de leur fréquence.

Imitation automatique. — L'imitation automatique est une modalité de la suggestibilité cataleptique. Elle se manifeste sous la forme d'échopraxie, d'écholalie et d'échographie.

Echopraxie. — Les malades copient d'une façon simiesque les mouvements des personnes de l'entourage. Si l'on tend la main, le malade tend la sienne; on cherche son mouchoir dans sa poche, le malade cherche le sien ; on se baisse, il se baisse. Le plus souvent, ce sont les gestes des autres malades, et, de préférence, les plus absurdes, qui sont imités. A côté d'un malade qui se tient debout, immobile et la tête penchée vers la terre, vient se placer un autre qui, non content d'imiter son attitude, l'exagère en fléchissant et penchant tout le corps en avant. Dans les actes imités comme dans les attitudes cataleptiques, il y a tendance à la persistance des images kinesthésiques. Les malades continuent pendant longtemps les mouvements imités.

Nous étudierons, à propos des troubles du langage, l'*écholalie* et l'*échographie*.

Pathogénie. — La meilleure explication de la pathogénie de la catalepsie a été donnée par Janet :

« Qu'est-ce qui peut donner, dit-il, à ces contractions leur unité et leur persistance ?

« Je ne vois point d'autre réponse que celle-ci : c'est une sensation persistante.

« Quand j'ai soulevé le bras, j'ai provoqué une cer-

taine sensation musculaire consciente tout à fait
déterminée, c'est-à-dire correspondant exactement
à telle position du bras, du poignet, des doigts,
etc. Cette sensation était seule dans l'esprit, n'a rencontré aucun phénomène antagoniste et réducteur,
elle n'a pas disparu avec l'excitation productrice,
elle a subsisté et elle dure encore. Mais en même
temps qu'elle dure, elle tient par sa persistance
même la position du bras à laquelle elle est liée ou
plutôt dont elle est inséparable. »

Dans l'activité psychique normale, la conscience
est le théâtre d'un conflit incessant, où les idées
munies chacune de sa force, se heurtent et se modifient les unes les autres ; c'est un état de poly-
ïdéisme. Il y a *struggle for life* entre les idées comme
entre les êtres vivants ; seules l'emportent les idées
qui sont assez puissantes et détournent à leur profit
l'activité mentale. Nous nous rendons compte de
cette lutte dans les hésitations de la volonté.

Si l'état de monoïdéisme parfait pouvait être réalisé, l'exécution d'un acte suivrait immédiatement
sa conception.

Cet état de monoïdéisme peut-il être réalisé dans
la démence précoce ?

Les malades sont à l'état de veille et leur conscience n'est pas toujours obscurcie. Derrière l'enveloppe inerte se cache parfois une lucidité parfaite ; ils perçoivent et gravent dans leur mémoire
les événements qui se déroulent autour d'eux.

Chez quelques-uns, il y a une véritable activité délirante et hallucinatoire.

Pour expliquer la suggestibilité des déments précoces à la lumière de la théorie monoïdéique[1], il faut supposer qu'il se produit une véritable dissociation entre l'activité idéatoire, volontaire et réfléchie et l'activité automatique.

La sensation déterminée par le mouvement imprimé dure parce qu'elle ne rencontre plus de phénomènes réducteurs. La désagrégation mentale a séparé les éléments psychiques et supprimé la lutte.

Chaque représentation s'impose, s'extériorise et persiste.

L'activité volontaire isolée est incapable de modifier les phénomènes catatoniques ; elle assiste passive et consciente à l'exécution des mouvements musculaires.

Lorsque les phénomènes de désagrégation fonctionnelle (engourdissement cérébral, etc.), s'atténuent, l'activité automatique reprend ses connexions avec l'activité volontaire.

Plus ces connexions sont nombreuses, plus il

---

1. M. Janet a fait remarquer qu'il ne faut pas exagérer l'importance de l'expression « monoïdéique ». Il s'agit plutôt de sensations que d'idées ; en outre, ces sensations ne sont pas réduites à l'unité, mais ce qui est vrai, c'est que la sensation initiale qui amène les autres images est unique et que chaque image reste isolée sans s'unir avec les autres et sans réagir sur elles.

y a de représentations mentales réductrices et moins la puissance de la suggestibilité est considérable.

En résumé, la suggestibilité des déments précoces peut être considérée comme un état de monoïdéisme analogue à celui qui détermine le négativisme actif.

Dans l'alternative de suggestibilité et de négativisme, l'activité mentale ressemble à une balance qui oscille entre l'idée de l'acte à accomplir et celle de son antagoniste et penche du côté du poids le plus fort.

Mais ce n'est là qu'une hypothèse. A côté de la complexité des phénomènes, [ces explications ne sont que des images raidies et simplifiées, des schémas abstraits.

Stéréotypie.

« La stéréotypie est caractérisée par la durée anormale des impulsions motrices, qu'il s'agisse d'une contraction permanente d'un certain groupe de muscles ou de la répétition fréquente d'un même mouvement. » (Kraepelin.)

Cette définition établit la division en *stéréotypies d'attitudes* ou *akinétiques* et en *stéréotypies de mouvements et d'actes* ou *parakinétiques* (Séglas, Cahen, Dromard, Régis, etc.).

1° Les *stéréotypies akinétiques* appartiennent à la

stupeur ou à la torpeur catatoniques. Elles intéressent la totalité du corps ou un seul segment de
membre ou une partie du visage.

Les attitudes des malades revêtent des aspects
multiples ; les unes sont pathétiques, symboliques
(attitude de sphynx, de crucifié, de statue, etc.), les
autres professionnelles. Ces attitudes sont souvent
pénibles, fatigantes ; les membres sont tantôt relâ-
chés, tantôt raides, en état de contracture (catalepsie et négativisme stéréotypés).

2° Les *stéréotypies parakinétiques* sont bien plus
nombreuses ; elles caractérisent, avec les impulsions, l'agitation catatonique.

Dans une salle d'asile, on reconnaît les déments
précoces à la répétition monotone des mêmes mouvements. Ces malades adoptent souvent une marche
spéciale, en cercle, à quatre pattes, etc., ou ils
gambadent, sautillent, marchent à reculons ou de
côté à la manière des crabes, des culs-de-jatte,
etc.

Les mouvements de manège sont très fréquents et
se rencontrent souvent à la période prodromique.

Un de nos malades, bien avant qu'il soit interné,
tournait autour du même réverbère plusieurs fois de
suite et rien ne pouvait modifier son itinéraire. A
l'asile, il a continué ses mouvements de manège
autour d'un arbre.

Les *stéréotypies parakinétiques* ont pour objet
toutes les manifestations motrices des déments pré-

coces (onanisme, tentatives d'évasion, impulsions, langage parlé, écrit, etc.). Elles intéressent souvent une partie déterminée du corps.

Les uns se frottent les mains, font des grimaces, gesticulent, balancent la tête ; les autres contractent souvent le même muscle (sourcilier frontal, etc.) ou un groupe de muscles pour produire une grimace d'ensemble : rictus, reniflement, bouche en groin, grimace d'étonnement, d'éblouissement, fixité du regard, clignements des yeux, battements des paupières, etc.

Caractères extrinsèques des stéréotypies. — La plupart des auteurs ont noté le contraste qui existe entre l'hésitation des déments précoces à exécuter des actes nouveaux spontanés ou commandés, et l'aisance avec laquelle ils accomplissent des stéréotypies.

L'activité stéréotypée est une activité automatique composée d'éléments *stables, uniformes* et *coordonnés. Elle est inadaptée aux circonstances actuelles ;* il y a, suivant l'expression de Dromard, « incongruence par rapport au milieu, apparition intempestive, inutilité en un mot ».

Caractères intrinsèques. — Pour préciser le contenu des stéréotypies, il y a lieu de distinguer les *stéréotypies actives* (pseudo-stéréotypies de Dromard) et les *stéréotypies automatiques.*

1° Les *premières sont sous la dépendance* des phénomènes délirants et hallucinatoires. Leur contenu idéo-affectif les rapproche des actes conscients et volontaires. Elles sont très nombreuses et très fréquentes.

2° Les *stéréotypies automatiques* sont des actes enregistrés dans la mémoire et qui ont perdu le lien avec l'idée et l'état affectif qui les ont fait naître. C'est ainsi que les stéréotypies actives peuvent se transformer en stéréotypies automatiques.

« Au début, dit Dromard, il se produit des mouvements parfaitement conscients et corrélatifs d'une idée également consciente. Le malade sait pourquoi il agit et il donne une raison valable. Mais voici que survient la ruine de l'intelligence. La synthèse psychique volontaire et consciente, qui rattache primitivement l'acte à l'idée, fait place à l'automatisme. »

En dehors de l'activité psycho-sensorielle, l'activité professionnelle fournit un sérieux appoint au contingent des stéréotypies en raison de la fixité et de la systématisation de sa formule.

Nous divisons avec Dromard, les stéréotypies automatiques en *primitives* et *secondaires*.

Les *premières* sont représentées par les attitudes fixes et les mouvements répétés de la période toxique, inflammatoire (incoordination fonctionnelles ; elles témoignent, comme le négativisme, la suggestibilité, etc., d'un engourdissement cérébral.

Les *stéréotypies automatiques secondaires* témoignent d'une lésion destructive démentielle.

a) Les *stéréotypies qui sont sous la dépendance de l'automatisme primitif* appartiennent à toutes les formes aiguës de la démence précoce. Elles sont plus précoces, moins uniformes, plus nombreuses, plus fragiles, changeant d'un moment à l'autre et susceptibles de régression. Les mouvements manquent souvent de souplesse et de rondeur ; ils rappellent les gestes anguleux et cassants de certains jouets mécaniques.

Maniérisme. — Le maniérisme est une stéréotypie d'attitudes et d'actes qui appartient à l'automatisme primitif.

« Cette activité mimique a pour caractère d'être à la fois outrée et artificielle : *outrée* parce qu'elle n'est pas en rapport avec la banalité, la simplicité, la pauvreté même des conceptions qu'elle escorte ; *artificielle*, parce qu'elle se complique souvent d'expressions arbitraires qui tendent à la déformer, si l'on peut dire, en lui donnant une apparence de simulation. » (Dromard.)

Les actes les plus simples manquent de naturel, sont affectés, artificiels.

Les malades prennent des poses fatigantes, guindées, crispées où se reflètent à la fois la catalepsie, le négativisme et la persévération. Ils adoptent fréquemment l'attitude du mépris, du défi et ils dévisagent l'entourage avec une insolence mêlée d'ironie.

Le maniérisme du dément précoce est pauvre; il est constitué par un petit nombre d'éléments psychomoteurs (stéréomimie), ce qui le distingue du maniérisme des maniaques et des hystériques.

b) Les *stéréotypies secondaires* se rencontrent à la phase résiduelle.

Les attitudes et les mouvements sont empreints d'une aisance et d'un naturel qui contrastent avec la gêne et la raideur des stéréotypies primitives. Les éléments qui les composent sont plus stables, mieux coordonnés, et tendent de plus en plus vers l'unité d'expression motrice.

Ces stéréotypies ont une grande valeur pronostique, elles permettent d'évaluer le degré d'affaiblissement mental dans lequel le malade s'est immobilisé.

Le négativisme et la suggestibilité sont primitivement en rapport avec les phénomènes toxiques et s'atténuent avec leur disparition. A la période résiduelle, la tendance négativiste et cataleptique devient une attitude fixe, immuable d'un département fonctionnel ; on peut dire que le négativisme et la suggestibilité se sont stéréotypés. Weigandt a signalé deux cas où le négativisme a persisté pendant cinquante ans. La main négativiste, docile, persévératrice, certaines grimaces, certains tics, le clignement des yeux, le battement des paupières, etc., peuvent persister à l'état atténué pendant toute la maladie.

Les attitudes stéréotypées donnent lieu à des troubles graves : troubles de la circulation, amyotrophies, déviation de la colonne vertébrale, cyphose, lordose, etc. La démarche latéralisée avec balayage du talon qui se rencontre parfois chez les vieux déments est sous la dépendance de l'atrophie des muscles de la jambe.

Pathogénie. — Le fond mental sur lequel évolue l'activité stéréotypée primitive et secondaire est le même que nous avons trouvé dans toutes les manifestations psycho-motrices : dissociation et autonomie des éléments psychiques, absence d'influences réductrices, diminution des représentations mentales allant jusqu'au monoïdéisme. Le mouvement stéréotypé est l'expression clinique de la désagrégation fragmentaire ; il est « la représentation motrice privée d'adaptation, représentation qui tend à se fixer indéfiniment et à s'extérioriser fatalement » (Dromard).

Impulsions.

L'excitation des déments précoces donne lieu à des impulsions qui rendent les malades dangereux pour l'entourage et pour eux-mêmes.

Elles sont brusques et rapides, véritables réflexes

moteurs qui se manifestent sous l'influence d'une sollicitation soit extérieure, soit intérieure. Ces déclanchements moteurs brisent tout frein inhibitoire, s'exécutent tantôt en dehors de la conscience, tantôt en sa présence, mais alors elle assiste passive et incapable de lutter contre la poussée irrésistible.

On peut distinguer deux sortes d'impulsions : *les accès de fureur* et *les impulsions fugaces*.

1° Les accès de fureur suivent ou précèdent les accès de torpeur ; parfois ils sont indépendants des phénomènes dépressifs.

Ils surviennent souvent sans cause apparente, d'autres fois à la suite d'une impression désagréable (surtout au début).

Chez la femme, la fureur impulsive coexiste souvent avec la période toxique prémenstruelle.

Soudainement, sans que rien puisse le faire prévoir, les malades se jettent sur leurs voisins, leur donnent des gifles, leur arrachent les vêtements, etc., ou brisent les vitres, renversent chaises et tables, se blessent eux-mêmes, s'égratignent, s'arrachent les cheveux, se mordent les bras, tiraillent leurs doigts, se cognent ou font de graves tentatives de suicide.

Les impulsions du dément précoce, comme celles de l'épileptique, sont variées et accomplies avec la plus grande force et sans hésitation, si bien qu'il est souvent impossible d'arrêter l'élan du malade.

2° Les impulsions fugaces sont de véritables raptus qui revêtent des modalités différentes. Elles
interrompent le calme le plus absolu de la dépression ou de la stupeur catatoniques.

Tantôt il s'agit d'une explosion de rire, d'une
crise de larmes, d'un cri aigu, d'une fugue, tantôt
d'une impulsion dangereuse : suicide, homicide,
vol, pyromanie, exhibitionnisme, etc.

Nous verrons que ces impulsions sont d'une importance extrême au point de vue du diagnostic,
de la médecine légale et militaire.

TROUBLES DU LANGAGE

LANGAGE MIMIQUE. LANGAGE PARLÉ. LANGAGE ÉCRIT

Les troubles du langage mimique, parlé et écrit,
chez les déments précoces, traduisent surtout les
désordres de l'activité idéo-affective. Les centres
corticaux des images verbales et graphiques ne
sont qu'exceptionnellement touchés.

1° Langage mimique.

Le langage mimique est composé de mouvements
spontanés, instinctifs qui reflètent les modifications
affectives. Son étude est de la plus haute importance dans la démence précoce.

L'expression du visage, les attitudes, les gestes,
révèlent la complexité et la gravité des troubles
affectifs.

Nous avons déjà étudié une partie des troubles qui modifient l'activité psycho-mimique : négativisme, suggestibilité, stéréotypies, maniérisme, échopraxie, échomimie. Il ne nous reste plus qu'à décrire la *paramimie*, *le rire* et *le sourire*.

Ces réactions occupent une place spéciale dans la description clinique de la démence précoce.

Paramimie. — « Normalement, dit Dromard[1], toute expression mimique doit être adéquate à l'état idéo-affectif qu'elle représente, c'est-à-dire qu'elle doit répondre aux caractères particuliers de l'incitation quantitativement et qualitativement. »

Chez certains aliénés et particulièrement chez les déments précoces, il se produit une véritable dissociation entre l'activité idéo-affective et l'appareil psycho-mimique.

Suivant l'expression de Kraepelin, il y a « absence de rapport entre l'humeur et l'aspect du visage ».

Dromard distingue deux ordres de faits paramimiques :

« Ou bien, c'est une mimique indifférente accompagnant une situation qui nous semble appeler normalement une émotion plus ou moins intense ; ou bien, c'est une mimique plus ou moins active accom-

1. Cette définition ne s'applique qu'au langage mimique spontané. Elle élimine les gestes conventionnels qui sont bien loin d'être « l'ouvrage immédiat d'une spontanéité irréfléchie ».

pagnant une situation d'une nuance affective indifférente ou franchement opposée. »

*L'association par contraste joue un rôle impor-
tant dans la paramimie.* La plupart de ces réactions
sont nettement contradictoires.

Dans la paramimie comme dans le négativisme
actif, l'idée antagoniste se substitue à l'idée principale, s'organise et prédomine.

Chez un malade de Morel ce phénomène est manifeste. « Nous avons essayé, écrit l'éminent aliéniste,
la médication douloureuse au moyen du moxa et il
nous prie de ne pas lui faire tant de plaisir. Nous
avons essayé les moyens de douceur, il nous con-
jure de ne pas le faire souffrir de la sorte. »

La paramimie peut se manifester dans toutes les
réactions psycho-motrices (langage, etc.).

Chez les malades délirants, elle constitue un symptôme de premier ordre et permet souvent de faire un
diagnostic précoce.

Un malade de Haeker prêchait d'une voix solen-
nelle : « Convertissez-vous, le jour du Seigneur est
proche » et en même temps il laissait tomber sa
chemise et urinait en pleine chambre.

Les déments précoces mélancoliques présentent
fréquemment des réactions paradoxales (rire, grimaces, etc.) qui n'ont aucun rapport avec l'attitude
générale.

Le rire. — Le rire est un symptôme de premier

ordre. Il se manifeste à toutes les périodes et dans toutes les variétés de la démence précoce. A la période prodromique il prend place parmi les signes avant-coureurs de l'affaiblissement mental.

Dans tout rire humain, il y a un élément émotionnel et un mouvement musculaire. A l'état normal, pour que l'appareil musculaire entre en jeu, il faut que la qualité et la quantité de l'émotion atteignent un degré suffisant d'extériorisation.

Les dissociations et les ruptures d'équilibre entre l'appareil musculaire et l'émotion donnent lieu à des phénomènes pathologiques.

Chez les déments précoces, les rapports des phénomènes physiologiques et psychiques peuvent être diversement troublés. Avec Nadal nous avons démontré qu'on peut distinguer quatre variétés de rire morbide.

1° Un rire purement musculaire, sans éléments psychiques, c'est le rire *impulsif, explosif*, qui n'est autre chose qu'un rictus.

2° L'appareil mimique reçoit l'incitation psychique mais continue à fonctionner, même lorsque cette incitation n'intervient plus. Dans ce groupe, nous rangeons les rires stéréotypés, anormalement prolongés.

3° La dissociation de l'activité psychique supérieure et de l'appareil mimique permet aux centres sensoriels d'entrer en jeu, de réveiller les images motrices et de provoquer le rire, d'autant mieux

qu'aucune inhibition n'est exercée par la volonté ;
le rire échokinétique trouve ici son explication.

4° Chez les malades délirants et hallucinés, le rire
possède un mécanisme semblable à celui du rire
normal ; il n'y a ni dissociation, ni rupture d'équilibre entre les deux appareils.

De ces quatre variétés de rire morbide, le rire
impulsif est le plus fréquent et le plus pathognomonique.

*a) Il survient sans motif, c'est-à-dire qu'il ne cor-
respond à aucune représentation mentale ;*

b) Il est explosif, brusque et rapide comme une
impulsion dont il est l'équivalent mimique ;

*c) Il n'est accompagné d'aucun élément émotion-
nel* (sentiment de gêne, de honte, etc.) et il paraît
forcé, incoercible sur la face des malades.

Tantôt c'est un éclat de rire bref, tantôt c'est une
série d'explosions se reproduisant plusieurs fois par
jour. Dans d'autres cas, par son intensité, il rappelle
le fou rire. Comme ce dernier, il est irrésistible,
inextinguible, incoercible, c'est une véritable attaque convulsive qui se termine par une crise de
larmes.

Les accès alternatifs de rires et de larmes rappellent ceux des hystériques.

d) Le caractère essentiel de ce rire est la *paramimie,* c'est-à-dire la dissociation entre l'expression
mimique et la qualité émotionnelle de la situation
du malade.

e) Le rire coexiste avec la pâleur et l'immobilité
absolue des muscles de la face et du tronc. Même
très prolongé, il ne provoque pas de rougeur du
visage et la mimique faciale n'y participe que très
peu. Ce fait est dû à l'absence d'éléments émotionnels (joie, etc.) qui seuls permettent au rire de se
déployer dans les muscles de la volonté. C'est un
rire sans décharge diffuse et sans réactions vaso-
motrices ; il est produit uniquement par l'appareil
respiratoire et phonatoire.

Au point de vue phonétique, Régis et Guilguet
distinguent avec raison le rire explosif et le rire
niais silencieux qui rappelle celui des idiots. Ce
dernier est un ricanement qui sort du fond de la
gorge, une vibration sifflante et sourde comme si le
malade riait à travers un paquet de laine.

Le rire moqueur a également été décrit par ces
auteurs ; c'est un rire silencieux, « caractérisé
par des expirations uniquement nasales, le malade
pouffe d'une façon étouffée, en se retournant ; quelquefois il tourne la tête vers l'épaule et remonte les
bras à la hauteur du visage comme pour cacher
l'impulsion de son rire ».

Le sourire. — Le sourire, qu'il soit spontané ou
provoqué, participe à la fois de la paramimie, du
maniérisme et de la stéréotypie.

La dissociation de la mimique est très fréquente ;
elle consiste soit dans un état de désaccord entre la

mimique faciale supérieure et inférieure, soit en une asymétrie de la moitié de la face. La dissociation en hauteur est la plus fréquente. Avec Nadal nous avons noté le plus souvent une expression de tristesse de la partie supérieure du visage contrastant avec un sourire de joie de la bouche. Enfin nous avons rencontré l'amimie supérieure avec mouvements expressifs de la partie inférieure. Le latéralisme, la mimique cacophonique se trouvent surtout dans l'agitation hébéphréno-catatonique. On voit se peindre sur la physionomie de ces malades, mais par fragments, la joie avec la tristesse, l'ironie avec la bienveillance, c'est-à-dire autant de sentiments qui s'excluent l'un l'autre et dont la somme constitue un mélange bizarre.

2° Langage parlé.

Troubles psycholaliques. — Les troubles du langage parlé des déments précoces se rattachent surtout aux désordres mentaux. Les délires, les hallucinations, l'excitation et la dépression, l'affaiblissement mental impriment à la parole des caractères spéciaux : ce sont des troubles dyslogiques ou psycholaliques.

Parmi ces troubles nous distinguons :

1° *Le mutisme*. — Il peut être absolu ou relatif, continu ou intermittent. Le mutisme est une modalité du négativisme. Il relève des mêmes causes.

a) Il peut être rattaché à une idée délirante (d'humilité, de culpabilité, de négation, de persécution, etc.) ou à une hallucination et particulièrement à l'hallucination psycho-motrice qui agit de différentes manières. Dans ce cas, le mutisme est intermittent, il est interrompu par des impulsions verbales, par des mots qui s'échappent sans que le malade ait le temps de les prononcer (fuite de la pensée).

b) Le mutisme passif ou le mutisme par aboulie et misonéisme traduit l'anéantissement de la volonté. Chez ces malades, il y a aïdéïe plus ou moins complète. Si le malade est muet « c'est parce qu'il n'a aucune idée, aucune image consciente et non parce qu'il ne sait pas parler » (Masselon).

c) Le mutisme par oppositionisme est irraisonné et involontaire.

d) Enfin, il y a le mutisme de la démence précoce terminale où la perte du langage n'est que la manifestation de la perte définitive du stock des idées. Le mutisme ne doit pas être confondu avec le *retard de la parole*. Ce phénomène est habituel dans les états de dépression ; il est dû à la difficulté de grouper les divers éléments nécessaires à l'expression de la pensée.

2° *Soliloque*. — Les soliloques se rencontrent dans les variétés psycho-sensorielles et les états de déchéance avancée.

3° *Intonation*. — L'intonation est variable avec

chaque malade. Son caractère essentiel est d'être en désaccord avec le contenu de la parole (paramimie du langage). Ces malades disent des choses vulgaires sur un ton déclamatoire, emphatique, maniéré, ou récitent des vers en aboyant ou en piaulant.

Leurs discours sont parfois émaillés de métaphores, de sentences, de mots à double sens, de calembours de mauvais goût. Le langage vulgaire est particulièrement préféré par les malades, quelle que soit leur éducation ou la teneur de leur délire.

La *parole puérile* appartient à l'hébéphréno-catatonie, c'est une minauderie chantante comme chez les tout petits enfants, un gazouillis qui coexiste souvent avec du maniérisme et du puérilisme. Une de nos malades qui présentait ce phénomène jouait à la poupée et croyait avoir quatre ans.

4° Echolalie. — La forme la plus habituelle de l'écholalie se traduit par la répétition automatique, à la manière d'un écho, des derniers mots ou des derniers sons qui frappent les oreilles des malades.

« Quel âge avez-vous ? » — « Vous ».

« Avez-vous des enfants ? » — « Ants ».

L'écholalie est le réflexe cortical le plus simple que peut produire l'excitation du lobe temporal par l'articulation des mots; c'est une manifestation de l'activité imitative et de l'association par assonances.

5° Stéréotypies du langage. Réaction de Neisser.

— Certains malades s'attachent à des expressions qu'ils répètent continuellement.

Lorsqu'on les interroge, ils reproduisent les termes de la première réponse à toutes les questions posées successivement. « Quel âge avez-vous? » — « Comment? »; « Etes-vous marié? » — « Comment? »; « Quel métier exercez-vous ? » — « Comment ? »

La réaction de persévération de Neisser est une forme de stéréotypie du langage. Le malade est intoxiqué par un mot qui fait irruption au milieu de la conversation et rompt la suite plus ou moins logique de sa pensée.

6° *Paraphasie*. — La paraphasie traduit la difficulté qu'éprouvent les malades à trouver le rapport exact entre les idées et les mots. C'est un trouble de la coordination de l'appareil du langage, il témoigne de la dissociation et de l'autonomie des images verbales.

Symptôme de Ganser. — Le symptôme de Ganser, c'est le symptôme des réponses « à côté ». Les malades entendent et comprennent ce qu'on leur dit, mais ils n'en font pas moins des réponses absurdes aux questions les plus simples.

« Quel âge avez-vous ? » — « Deux millions. »

« Quel est votre nom ? » — « Quarante-cinq maisons. »

Ziehen considère ce phénomène comme une espèce de sursimulation; Nissl, Kraepelin, Hey,

comme une modalité du négativisme; Dupré et
Gelma comme une « tournure d'esprit particulière ».

Pour nous, le symptôme de Ganser est un phénomène paraphasique très complexe. L'absence absolue d'adaptation aux questions participe à la fois
du puérilisme, du maniérisme, du négativisme, de
l'indifférence et de la sursimulation. Dans chaque
cas, un ou plusieurs de ces troubles prédominent.

Néologismes. — Les néologismes sont *actifs, passifs* et *démentiels.*

Les néologismes actifs sont créés avec intention
et correspondent à une représentation délirante ou
à une hallucination. Une malade de Dromard appe-
lait ses ennemis des « margouillons » et des « gan-
douillards ».

Masselon a décrit les néologismes barbarismes
et les considère comme pathognomoniques de la
démence précoce.

On retrouve le plus souvent le radical du mot que le
malade a voulu prononcer : « s'idiotiser, s'esclaver ».

Les *néologismes passifs* sont le produit d'une
association automatique et particulièrement d'une
association par assonances : « l'ingénue de geli-
notte et de la gigelilini ».

Les *néologismes démentiels* sont les plus graves.
Les néologismes actifs et passifs peuvent disparaître
tandis que les néologismes démentiels persistent et
s'accentuent avec les progrès de la déchéance et
l'effacement des représentations mentales. Ils sont

les débris des représentations mentales détruites, dont les unes appartenaient à l'activité psychique et les autres à l'activité délirante.

Une de nos malades profondément démente s'exprime de la façon suivante : « Bilibibi, récététébilibi, leputénébili, aglabeldéré, respectelem, adéibillidile, adaige montrialini, gelei, kelemonlent, adelekélébibi de la réciténidédé invalidédé télibibi, tétebcharnicola de ca cet plique de béled ténébébnibil. »

Ces néologismes n'ont plus d'équivalent dans aucune langue ; c'est la *jargonaphasie démentielle* éminemment incurable.

Fuite des idées. Psittacisme. Incohérence. Salade de mots. Verbigération. — Aucun langage ne mérite mieux le nom de psittacisme que la fuite des idées des déments précoces composée de mots sans suite se répondant comme un écho ou retenus accidentellement ensemble et jetés par hasard dans le moule d'une même phrase.

Les images verbales se groupent d'elles-mêmes suivant les lois qui ne sont plus celles de la pensée. Elles s'appellent les unes les autres par contiguïté, par similitude, suivant le hasard du souvenir et l'analogie des sons. L'association par assonances crée les calembours, les allitérations, les rimes, l'écholalie, les néologismes passifs.

La « fuite des idées » mériterait mieux le nom de « fuite de mots ».

L'incohérence des déments précoces est le chaos

verbal le plus invraisemblable et le plus incompréhensible. C'est une véritable « salade de mots » suivant l'expression de Forel.

Tandis que dans la fuite des idées les images sont encore associées suivant des rapports automatiques, dans l'incohérence elles se succèdent sans aucun lien apparent. La fuite des idées se combine souvent avec l'incohérence, mais elle disparaît avec les phénomènes automatiques déterminés par l'incoordination fonctionnelle.

L'incohérence démentielle se manifeste indépendamment de tout phénomène d'excitation ; elle est le meilleur témoignage de la désagrégation fragmentaire, de l'incoordination avec destruction des liens associatifs et autonomie psychique.

La *verbigération* est une incohérence émaillée de stéréotypies. Le malade répète sans cesse et sans fatigue pendant des heures entières les mêmes phrases, les mêmes mots dénués de sens.

Nous donnerons à propos du langage écrit des exemples de ces divers phénomènes.

Troubles des centres corticaux du langage. Aphasie. — Ces troubles sont rares dans la démence précoce. Kraepelin a signalé deux cas d'aphasies sensorielles transitoires. Avec Nadal, nous avons publié l'observation d'un malade qui, à la suite d'un ictus épileptiforme, a présenté des phénomènes d'aphasie et d'agraphie très nets.

3° Langage écrit.

Les écrits reproduisent les troubles du langage parlé ; on y retrouve les stéréotypies, les néologismes, l'incohérence, etc.

Troubles calligraphiques. — Ces troubles sont aux écrits ce que l'intonation est au langage phonétique ; aussi les modifications en sont-elles très nombreuses.

L'écriture est tantôt lente, tremblée, tantôt rapide et fuyante. Les pleins et les déliés alternent souvent sans ordre. L'ordonnancement général varie depuis la correction parfaite de la forme jusqu'au désordre complet.

La direction des lignes peut être ascendante, descendante ou en zig-zag.

La forme des lettres est tantôt impeccable, tantôt illisible. Les paranoïdes se plaisent à compliquer et à orner leurs lettres.

L'écriture en miroir a été signalée par Kraepelin et Régis.

Dans les dessins, les malades montrent la tendance au symbolisme, au maniérisme, à la stéréotypie (Marie, Meunier).

Troubles psychographiques. — Ces troubles sont en rapport avec les phénomènes mentaux. Ceux qui traduisent l'affaiblissement mental sont rarement précoces. Grâce à la conservation de l'orthographe et des formules épistolaires due à l'intégrité relative de la mémoire, le dément précoce manifeste moins son affaiblissement mental dans le langage écrit que dans le langage parlé. Certaines malades emploient des formules respectueuses et affectueuses et sont totalement dépourvues de sentiments affectifs. Une de nos malades écrivait à sa mère : « Je t'embrasse de tout mon cœur, viens me voir, je t'envoie mille tendresses ». Lorsque sa mère est venue, elle lui a tourné le dos.

La dissociation entre le langage graphique et le langage parlé est un signe important.

L'incohérence graphique est un indice d'affaiblissement profond, de désagrégation de la mémoire. Elle présente plusieurs degrés. R. de Fursac distingue l'incohérence élémentaire, l'incohérence dans le groupement des mots et l'incohérence dans le groupement des phrases.

Comme dans l'incohérence verbale on trouve des stéréotypies, des néologismes, des sentences, des calembours, des formules symboliques, etc.

Les exemples suivants permettent mieux de comprendre l'incohérence de ces malades :

Mon cher cousin et ma chère cousine,

Je viens en l'honneur du premier de l'an 1910 vous renouveler ma visite, malheureusement je n'ai pas la même bonté, depuis six semaines les femmes de Sainte-Geneviève, c'est bizarre mais enfin cela ne peut vous surprendre chez un patron de Sainte-Geneviève qui s'était associé aux deux patrons pour moi, qui était alors en 1903, je ne sais pas si à Sainte-Geneviève c'était comme cela, mais comme je tenais à rester au milieu d'une grande prospérité à vingt-cinq ans. Je ne suis pas un soldat blessé pour rien, j'ai affaire à des agents et dedans l'asile de Clermont y voit une bonne présence d'esprit mais l'Etat y voit le deuil, etc., etc.

Votre cousin fidèle   X.

Chère mère,

Je répond enfint à ce le dit de répondre m'envoyer sur la nomenclature à la demande la températur va de temps et va le temps vas et se passe et vas et viens et la températur se change et la nomenclature va et je suis le temps la températur je suis à l'astre le jour la clarté auquel le temp me donne la clarté je suis le moment je vas le suivant le mot l'année je vas je suis vas à l'instant je vas le mieux je vas à l'instant merveille.

Donne le mieux que tu peut nouvelles de l'année.

D. J.

Ces deux lettres sont remarquables par leur incohérence et la richesse des associations par assonances et des stéréotypies.

La lettre suivante est écrite en style télégraphique par un paranoïde qui est devenu plus tard catatonique.

Chère maman,

Toute vitesse, rentre Montluçon. Père sauvera la mort. Ne pas coucher Paris soit là, reçois le soir. Rentre vite immédiatement, ordre de Père. Quitté frère café, bref faire l'acte décisif, etc.

Ma chère bonne maman, je t'embrasse tendrement.

G.

Il faut remarquer dans ces lettres, malgré leur incohérence plus ou moins accentuée, la persistance des formules conventionnelles du début et de la fin.

CHAPITRE III

SIGNES PHYSIQUES

Les signes physiques de la démence précoce sont nombreux, variés, mais inconstants. Ils ne constituent pas un critérium indiscutable et pathognomonique comme les signes physiques de la paralysie générale.

La plupart relèvent du processus toxique et des modifications de la nutrition générale.

Ils se rencontrent dans toutes les formes et particulièrement dans celles qui ont une évolution aiguë.

TROUBLES DE LA MOTILITÉ

Ictus. — Les ictus sont des manifestations toxiques, les unes appartenant au terrain hystérique et épileptique sur lequel germe parfois la démence précoce (cas de Morel, etc.), les autres au processus morbide de cette affection. Dans ce dernier cas entrent :

a) Les cas isolés de convulsions sur lesquelles insistait Kahlbaum ; *b*) les cas de démence rapide

se montrant après une seule attaque convulsive
(décrits par Schüle).

Ces ictus sont des signes avant-coureurs de la
démence précoce. Toute attaque convulsive survenant chez les jeunes sujets en l'absence des manifestations motrices suivantes : stigmates mentaux
hystériques, stigmates mentaux épileptiques, symptômes en foyer, symptômes de paralysie générale,
doit faire penser à la démence précoce.

Les ictus peuvent apparaître à une époque tardive (cas de Kahlbaum, Kraepelin, Masoin, Marchand, Mlle Pascal).

Les ictus de la démence précoce sont presque
toujours de nature convulsive : épileptiformes,
hystériformes, tétaniformes.

Les ictus apoplectiformes et aphasiques sont plus
rares.

Ces phénomènes sont moins fréquents dans la
démence précoce que dans la paralysie générale.
D'après les statistiques de Kraepelin on les trouve
dans 18 cas sur 100.

Ils disparaissent sans laisser de traces ; parfois ils
sont suivis de paralysie temporaire, d'aphonie, de
contracture, etc.

Tremblement. — Le tremblement est fréquent
pendant toute la période toxique.

Il existe au repos et ne se modifie pas sous l'influence de l'activité volontaire. Il est continu ou
intermittent, menu, rapide ou à grandes oscillations.

Kraepelin a décrit des mouvements choréiformes, ataxo-athétoïdes.

Il est généralisé ou localisé dans les membres ou dans les muscles de la face. Dans ce dernier cas on constate un frémissement des muscles des lèvres, de la langue, des zygomatiques, etc , comparable à celui des paralytiques généraux.

Les mouvements convulsifs, intermittents et rythmiques, les soubresauts, se rencontrent dans les états dépressifs, la stupeur, etc.

Excitabilité mécanique des muscles. — Ce phénomène a été étudié par Bernstein. On peut mettre en évidence l'hyperexcitabilité des muscles par la percussion.

Il se produit immédiatement, au point de contact, un bourrelet musculaire.

Dunton a insisté sur l'hyperexcitabilité du nerf facial et des muscles de la face, comme signe important au début de la catatonie.

Amyotrophies. — Les amyotrophies sont déterminées par les stéréotypies akinétiques. Elles portent fréquemment sur les muscles de la main (Nouët et Trepsat), de la jambe (observations personnelles), du dos.

Les stéréotypies d'attitude produisent parfois des scolioses, cyphoses, avec atrophie musculaire.

Sensibilité. — Les troubles de la sensibilité sont très fréquents. Ils se présentent souvent sous la forme de pseudo-stigmates hystériques (sensation de boule, douleurs ovariennes, anesthésie et analgésie, etc.). La céphalée, les dysesthésies diffuses ou localisées sont des signes importants.

Nous avons noté que l'anesthésie et l'analgésie de la stupeur catatonique ne sont qu'apparentes et qu'elles appartiennent soit au négativisme, soit à la suggestibilité.

Réflexes. — L'exagération des réflexes est plus fréquente que leur abolition. Dide a constaté la fréquence d'un syndrome constitué par l'exagération des réflexes tendineux, la diminution ou l'abolition des réflexes cutanés et l'hypertonus musculaire.

Dans les formes catatoniques, Dide et Chenais ont trouvé souvent l'abolition et la diminution des réflexes cutanés, du fascia lata et des orteils.

Pupilles. — Les troubles pupillaires sont variables chez le même sujet; ils suivent les fluctuations des troubles psychiques.

La *mydriase*, l'*inégalité pupillaire*, la *déformation du contour des pupilles* se rencontrent surtout dans les états d'excitation et de stupeur.

Le *signe d'Argyll-Robertson* n'existe que chez les déments précoces syphilitiques ou hérédosyphilitiques.

Le *signe de Pilcz-Westphal* est fréquent dans la grande catatonie. Il consiste en l'occlusion énergique des paupières qui détermine un rétrécissement des pupilles, celles-ci étant auparavant moyennes ou dilatées.

Westphal a décrit également *l'inertie et la réac-tion paradoxale* sous l'influence d'un éclairage intensif (mydriase extrême ou alternatives de my-driase et de myosis).

Nous avons fréquemment constaté le réflexe para-doxal à la douleur et aux excitations psychiques. Dide et Massicot ont signalé les alternatives de con-gestion et d'anémie pupillaire, Tyson et P. Clarck, l'insensibilité cornéenne et les modifications du fond de l'œil.

APPAREIL CIRCULATOIRE

Parmi les troubles les plus fréquents de l'appa-reil circulatoire nous notons : *l'abaissement de la pression artérielle, les bruits extracardiques, l'alter-native de brachycardie et de tachycardie, la débi-lité du système artériel.*

Roubinowitch et Phulpin ont signalé le rétrécis-sement mitral associé à la tuberculose.

Les troubles vaso-moteurs sont habituels et caractérisés par des œdèmes, du dermographisme (Séglas), de la cyanose, du refroidissement des extrémités.

Le *pseudo-œdème catatonique* de Dide et de Trepsat est localisé à la face dorsale des pieds, beaucoup plus rarement aux mains, exceptionnelle-ment au visage. Il est élastique, indolore, ne dispa-raît pas par le repos, n'accepte pas l'empreinte des doigts. Il est grisâtre ou cyanotique, avec des crises d'asphyxie symétrique, ne provoquant que des érosions superficielles (pemphygus, purpura, érythème pellagroïde). Cet œdème s'accompagne parfois d'adipose douloureuse, d'escarre avec ou sans sphacèle.

Dide attribue ce phénomène aux altérations des glandes à sécrétion interne.

Comme dans les amyotrophies, deux éléments entrent en jeu : la stéréotypie d'attitude et le processus toxique. L'immobilité gêne la circulation des extrémités et les toxines se localisent de préférence sur les éléments anatomiques dont la nutrition est le plus compromise.

Sang. — Dide et Chenais ont constaté l'augmentation du nombre des éosinophiles.

Lhermitte et Camus ont trouvé de l'anémie au début avec leucocytose légère portant sur les mononucléaires.

La coagulation du sang est accélérée, la valeur globulaire au-dessous de la normale, le nombre des globules blancs élevés et les hématies modifiées (Sabrazès, Tahier). La résistance globulaire maxima et minima est en général notablement diminuée.

Dans deux cas de catatonie, le travail musculaire avait augmenté la résistance globulaire (Zilvaechi).

L'isotonie des globules rouges est altérée dans ses deux résistances : moyenne et minima.

La constitution du plasma est modifiée. Il présente

des variations du pouvoir hémolytique qui ne sont en rapport ni avec les formes de la démence précoce, ni avec la durée ni avec l'âge.

Perugia, Lewis, C. Bruce et A. Peebles ont fait de très intéressantes recherches hématologiques et sont arrivés aux conclusions suivantes :

Dans la *phase aiguë* de la démence précoce, il existe une hyperleucocytose persistante et modérée portant surtout sur les polynucléaires et les gros mononucléaires.

Dans la *phase de stupeur*, la leucocytose tombe dès le début au-dessous de 8.000 par millimètre cube de sang, mais bientôt elle se relève et se maintient dans une moyenne de 12.000 à 16.000.

Le pourcentage des polynucléaires s'abaisse aux environs de 60. Les lymphocites s'élèvent et une éosinophilie survient dans chaque cas. Avec l'amélioration de l'état, le pourcentage des polynucléaires augmente sans augmentation nécessaire de la leucocytose et revient de nouveau autour de 60 lorsque la guérison est complète.

Dans les états de démence sans phénomènes surajoutés on constate une leucocytose qui tombe fréquemment à 8.000 et 10.000 par millimètre cube et un pourcentage de polynucléaires au-dessous de 50, exceptionnellement même au-dessous de 30.

Sandri a cherché à établir la formule hémo-leucocytaire de la démence précoce : 1) le début de la démence précoce est accompagné d'une altération

de la formule leucocytaire indiquant un état d'intoxication avec hyperleucocytose et surtout légère
polynucléose; 2) l'apparition de la symptomatologie
catatonique chez les hébéphréniques et paranoïdes
est accompagnée d'un changement de la formule
hémoleucocytaire : mononucléose intense; 3) le
nombre total et le rapport des éléments figurés du
sang dans la forme chronique paranoïde et hébéphrénique n'offrent rien d'anormal; 4) la mononucléose intense, signalée plus haut, se rencontre
constamment et avec gravité égale dans les formes
catatoniques récentes et dans les formes catatoniques de longue date, c'est-à-dire chroniques.

Purdum et Wells sont arrivés aux mêmes résultats.

Much et Holzmann ont signalé que le sérum des
déments précoces inhibe le pouvoir hémolytique
du sang du cobra. Cette « *psycho-réaction* » coexiste
souvent avec la réaction de Wassermann. On la
rencontre non seulement dans la démence précoce,
mais encore dans l'épilepsie et la folie circulaire.
Pour Much et Holzmann, la psycho-réaction a une
haute valeur diagnostique.

Fraenkel, Kethe, Bierotte, Kyes, Hübner, Selter,
Beyer ont poursuivi les mêmes recherches et ont
conclu que la psycho-réaction n'a aucun caractère
de spécificité. C'est une réaction biologique qui
est la résultante de modifications profondes déterminées par le processus d'assimilation et qui existe

dans les états organiques les plus dissemblables et
dans un grand nombre de psychoses.

Si la psycho-réaction n'apporte aucun élément
nouveau pour le diagnostic de la démence précoce,
elle n'en est pas moins intéressante. Elle montre
que cette affection est bien de nature toxique et
qu'elle s'accompagne de troubles profonds qui agissent sur la nutrition générale.

SÉCRÉTIONS. APPAREIL URINAIRE

Dide et Chenais ont constaté les particularités
suivantes : diminution de la quantité d'urine et du
taux de l'urée; augmentation de la densité; les
phosphates sont variables; l'albuminurie et l'uro-
bilinurie sont exceptionnelles.

Régis est arrivé à peu près aux mêmes résultats
mais il ajoute que l'albuminurie plus ou moins légère
est constante.

D'Ormea et Magiotto, Dusc, ont signalé que
l'élimination du bleu de méthylène est toujours
retardée. La courbe est polycyclique, discontinue. L'élimination de l'iodure de potassium par
l'urine et par la salive s'effectue avec un certain
retard.

Pighini, à la suite de nombreuses recherches, est
arrivé aux conclusions suivantes :

Dans la phase aiguë, il y a perte d'azote, de
phosphore, de calcium et de soufre, ce qui marque

la destruction des substances protéiques, sulfurées et phosphorées.

Dans la phase chronique, il y a rétention de l'azote, du phosphore, du soufre et du calcium.

Dans les deux phases, ralentissement dans l'élimination des chlorures et variations de l'eau excrémentitielle.

Boschi a fait des recherches sur la lévulosurie expérimentale (méthode de Trömner et de Fehling). Il a trouvé rarement la lévulose en nature dans les urines. Le pouvoir réducteur est augmenté.

Ziveri a repris les mêmes expériences et il a trouvé dans certains cas lévulosurie légère et diminution du coefficient azoturique.

Salive. — D'après les travaux d'Oliviero Pini, la salive des déments précoces est plus visqueuse et son pouvoir amylolitique, augmenté.

Glandes sudoripares. — Antheaume et Mignot ont signalé l'hyperhidrose paroxystique généralisée et localisée à la main, au début de la démence précoce.

Liquide céphalo-rachidien. — D'après Smith et Gibsen, le liquide céphalo-rachidien est toujours stérile. E. Le Pegna a observé une lymphocitose discrète dans un cas de démence précoce; il l'attribue, d'ailleurs, à la syphilis qui lui était associée.

Lhermitte et Camus trouvent que la lymphocitose existe quelquefois, légère et variable. Ils ont également constaté que le chiffre des chlorures oscille

entre 6 gr. 44 et 8 gr. 55, sans qu'il y ait un rapport entre leur taux, la pression du liquide et la présence des éléments figurés.

APPAREIL RESPIRATOIRE

Dans les états dépressifs il y a troubles du rythme
respiratoire. La respiration est superficielle dans la
stupeur. Soukhanoff et Pétroff ont constaté l'absence
des bruits respiratoires même chez les catatoniques
tuberculeux.

TUBE DIGESTIF

La constipation suivie de débâcles diarrhéiques
est fréquente. Au début, il y a anorexie. Chez les
malades agités et chez ceux qui sont profondément
déments, il y a souvent boulimie. Dromard a signalé
un cas de mérycisme.

FONCTION MENSTRUELLE

Au début, l'aménorrhée constitue presque la règle
générale. La menstruation réapparaît lorsque les
phénomènes aigus s'atténuent ou disparaissent.
Chez les démentes chroniques, la menstruation
s'accompagne de phénomènes d'excitation. La puerpéralité et la ménopause aggravent l'état mental.

NUTRITION GÉNÉRALE

Le poids diminue dans les phases aiguës pour se relever dans la période de calme. Lorsque la maladie passe à la chronicité, il y a embonpoint très prononcé. Au début, on constate des poussées de croissance ; un de nos malades a grandi de 18 centimètres en l'espace d'un mois.

CHAPITRE IV

ÉTUDE CLINIQUE

A. — PÉRIODE PRODROMIQUE

Comme toutes les maladies à longue évolution, la démence précoce présente une période prodromique où le processus morbide se prépare et se constitue.

Cette période s'étend depuis le moment où le malade a présenté quelque phénomène anormal (troubles du caractère, modification de la conduite, etc.) jusqu'au jour où l'on constate chez lui l'un ou l'autre des symptômes essentiels de la démence précoce. La durée de cette période embrasse non seulement des semaines et des mois, mais encore des années (dix ans dans un cas de Janet, douze ans dans une observation personnelle). Dans des cas plus rares, l'évolution est rapide. Masoin rapporte l'histoire d'un malade dont l'affaiblissement mental s'est installé en l'espace d'un mois. Nous-même, nous avons observé une malade qui a franchi cette période en quinze jours.

Les premières manifestations pathologiques traduisent les réactions du terrain cérébral intéressé.

Légères et subtiles, elles varient avec l'âge, la profession et le degré de culture intellectuelle et morale du malade. De plus, pendant cette période de préparation lente, le processus toxique réveille les anciennes tares héréditaires ou acquises (débilité mentale, imbécillité, épilepsie, alcoolisme, etc.) et de ce complexus pathologique il résulte autant de modalités cliniques qu'il y a de malades.

Les premières lésions portent sur les éléments les plus délicats de l'activité mentale et le déficit intellectuel est masqué par la conservation intégrale du fond des idées devenues courantes, de l'acquis déjà ancien, des habitudes, en somme par tout ce qui constitue la vie automatique. Ce fait permet aux malades de vivre au milieu de tout le monde et de faire preuve encore d'une certaine activité. Leur transformation intellectuelle et morale est difficilement saisie par l'entourage, beaucoup plus que celle des paralytiques généraux, dont les troubles de la mémoire et les signes physiques annoncent de bonne heure la ruine mentale. Mais après cette période de préparation plus ou moins longue, les altérations psychiques et organiques s'accentuent et se groupent de façon à constituer un véritable syndrome démentiel.

Nos études sur le passé prodromique des déments précoces nous ont permis d'affirmer que les premiers troubles sont presque toujours de nature dépressive.

Il y a rarement chez les déments précoces un état d'optimisme et d'exaltation des facultés avant leur déchéance évidente.

Dans 93 cas sur 100, le fond clinique commun est représenté par un état d'adynamie fonctionnelle, lente et progressive.

Les formes prodromiques dépressives de la démence précoce peuvent revêtir des aspects variables. Parmi les plus importantes, nous distinguons : *la forme neurasthénique, psychasténique, neurasthénico-hystérique, neurasthénico-épileptique, hypocondriaque*. Parfois, on constate un *début fébrile*, mais la fièvre disparaît et fait vite place à la dépression physique et morale.

FORME NEURASTHÉNIQUE

Les troubles dépressifs de la démence précoce sont surtout confondus avec ceux de la maladie de Beard. Ainsi, on trouve les futurs déments précoces parmi les neurasthéniques que l'on soigne dans les maisons de santé ou dans les instituts d'électrothérapie, d'hydrothérapie, de psychothérapie, etc.

L'expression symptomatique réunit en apparence les deux affections, car le cerveau n'a à sa disposition, pour traduire sa souffrance, qu'un certain nombre de réactions et toujours les mêmes. Mais s'il y a des cas où l'on est poussé à les confondre dans la même description clinique, il y en a d'autres où l'agencement des symptômes et leur évolution, dominée par l'étiologie, permettent de différencier ces états morbides et de porter un diagnostic et un pronostic sûrs et prématurés.

L'*asthénie neuro-musculaire* est un des premiers symptômes physiques qui apparaisse.

L'affaiblissement de la force motrice jette les perturbations initiales dans l'existence de ces malades. C'est un état de fatigue presque permanent, présentant tous les degrés depuis l'asthénie légère qui permet l'accomplissement des devoirs professionnels jusqu'à l'anéantissement le plus complet. Ces paroxysmes aigus sont de véritables *crises d'inertie motrice* sur lesquelles nous ne saurions trop insister en raison de leur fréquence. Ces crises présentent des caractères spéciaux. Leur apparition ne coïncide pas avec le réveil pénible du matin ou la vacuité de l'estomac comme dans l'asthénie et la neurasthénie vraie. Elles sont indépendantes de toute cause extérieure et ne subissent pas de modifications sous l'influence du réconfort moral et des moyens thérapeutiques.

Elles surviennent presque toujours brusquement en pleine santé et en pleine joie de vivre.

A l'asthénie motrice se joint un besoin de solitude et d'isolement en rapport avec les premières manifestations psychiques (anhédonie et analgésie morales, diminution de la sympathie, etc.).

Chez la femme, ces accès coïncident avec la

période toxique menstruelle. L'*asthénie motrice* alterne avec le besoin de mouvement automatique ou avec de courtes phases d'excitation accompagnées de colère violente.

Les crises d'inertie et d'excitation motrices sont les préludes des états de stupeur et d'agitation par lesquels s'affirme le véritable caractère de la maladie. Généralement, elles n'inquiètent pas l'entourage, car on les met trop facilement sur le compte des troubles de la croissance ou du mauvais caractère.

Les troubles subjectifs sont très fréquents.

On remarque des vertiges et des douleurs diffuses mal localisées; elles siègent invariablement dans les membres, dans le dos, sans pourtant se fixer comme il arrive dans la rachialgie des neurasthéniques.

Là *céphalée* est un symptôme de premier ordre. Elle est diffuse ou localisée. Elle siège dans la région sus-orbitaire ou au fond de la cavité orbitaire (Halberstadt) et dans la région occipitale (Kahlbaum).

Sérieux insiste sur son acuité et sur la difficulté de faire le diagnostic avec les tumeurs cérébrales. Un de nos malades avait des paroxysmes si douloureux qu'il se frappait la tête contre les murs. Cette céphalée est rebelle au traitement par les analgésiques usités : pyramidon, phénacétine, etc. Elle s'améliore dans certains cas par l'ovarine et la thyroïdine.

Dreyfus et Goldstein ont trouvé de l'œdème cérébral à l'autopsie de deux malades. La céphalée
serait-elle due à une compression passagère du
cerveau?

Les *fonctions digestives* sont troublées (anorexie,
constipation, etc.).

Les *règles* deviennent irrégulières ou elles sont
brusquement suspendues.

Le *sommeil* est altéré; on remarque souvent un
besoin exagéré de dormir.

Les malades maigrissent beaucoup ou ont parfois
des *poussées fébriles* (Deny et Roy).

Chez quelques jeunes malades, on constate des
poussées de croissance brusques et douloureuses.

ÉTAT MENTAL. SIGNES AVANT-COUREURS
DE LA DÉMENCE

La différence clinique entre la neurasthénie initiale et la psychonévrose se manifeste dans l'expression de leur formule mentale.

Dans les deux affections, la sphère affective est
lésée et, suivant les lois psychologiques, c'est ce
trouble qui détermine les états intellectuels morbides. Chez les déments précoces, les lésions initiales dissocient les éléments les plus délicats de
l'affectivité : les sentiments altruistes, les sentiments
moraux, les sentiments de famille, etc. Nous avons
vu que ces troubles affectifs constituent l'élément

fondamental du substratum psychologique de ces
faux neurasthéniques. Les aberrations du sens
moral, la disparition des sentiments altruistes,
l'anhédonie et l'analgésie morales, l'indifférence
pour les joies et les peines de famille ou l'antipathie subite pour les parents, les amis, etc., surviennent brusquement à une époque où les facultés
intellectuelles paraissent normales. Cette dissociation entre les sentiments et l'intelligence doit éveiller l'attention de l'observateur.

Chez certains malades, les troubles moraux sont
au premier plan. Ils commettent des actes délictueux et criminels (vol, vagabondage, escroquerie, etc.) et bien avant de délirer, ils sont arrêtés,
passent en justice et de là en prison. La fréquence
et la nature de ces actes commis au début par les
déments précoces a valu à cette période le nom de
période médico-légale (Antheaume et Mignot).

Il y a longtemps que Kalhbaum a insisté sur l'importance des actes médico-légaux au début de cette
affection et il a décrit une forme spéciale, l'*héboïdophrénie*, où dominent les troubles du sens moral
et du jugement.

Mémoire. — Le dément précoce conserve dans
la majorité des cas toutes ses acquisitions. Le pouvoir d'évocation reste normal à cette époque. La
mémoire des calculs est intacte.

On remarque même une certaine exagération de
l'automatisme de la pensée.

Les *idées hypocondriaques* sont précoces, nombreuses et tenaces.

Analyse subjective. Dépersonnalisation. — Les déments précoces sont conscients des modifications survenues dans leur moi psychique et organique, mais les réactions varient avec chaque malade. Les uns assistent en spectateurs indifférents à leur déchéance mentale, les autres souffrent et ont même une certaine prescience de leur avenir. Une de nos malades écrit : « Mon âme, adieu, adieu, tu vas sombrer, pauvre âme, que tu n'as pas évité ce sort affreux. Toujours le tourment, toujours la lutte sans solution, pauvre âme, tu as connu sur la terre les tourments d'un être qui est rejeté de l'ordre. » Une autre malade nous disait avec tristesse : « C'est très malheureux pour moi d'avoir l'esprit malade, je ne peux plus vivre dans le monde, je voudrais mourir. » Meeus raconte l'histoire d'un dément précoce qui fut conscient de son état jusqu'à la fin de sa vie et qui mourut en pleurant sa situation malheureuse. « Je suis un enfant aveugle et abandonné, loin de mes parents; je ne suis plus aimé de personne et je souffre une lourde punition. »

L'intro-inspection mentale s'accompagne souvent de phénomènes de dépersonnalisation qui indiquent déjà la perte de l'unité de la personnalité. Le monde extérieur, les souvenirs, les perceptions et les idées deviennent imprécis, irréels. Les malades se plaignent que leur corps et leur esprit ont changé et qu'ils se perçoivent mal eux-mêmes. « J'ai perdu l'harmonie entre mes pensées » ; « Je me sens dédoublée » ; « J'ai perdu,une partie de la tête » ; « Je me sens divisée comme s'il y avait deux personnes en moi », etc.

Dans la psychonévrose de Beard, les phénomènes de dépersonnalisation guérissent toujours; ils sont en rapport avec des lésions fonctionnelles.

Dans la démence précoce, ils s'accentuent avec les progrès de l'affaiblissement mental et aboutissent *au dédoublement de la personnalité, aux idées de négation* et de *transformation corporelle*, etc.

SIGNES D'ALARME DE LA DÉMENCE

Le *rire impulsif, paramimique,* le *fou rire,* les *tics,* les *grimaces,* le *maniérisme,* etc., se montrent dès la période prodromique et reflètent la désagrégation démentielle.

Les *troubles des actes et de la conduite* sont au premier plan. Ils se manifestent dans les moindres détails de la vie journalière. On les retrouve parmi les *excentricités* et les *bizarreries* qui frappent et inquiètent l'entourage.

Les *impulsions* sont fréquentes et dangereuses.

Les suicides *sans désespoir* et les homicides *sans remords* ouvrent parfois la scène morbide. Les *fugues* sont souvent les premiers signes révélateurs de la démence. Le *négativisme* sous la forme d'entêtement opiniâtre et son alternance avec des actes de *docilité exagérée* sont des signes de haute valeur.

Les *troubles psychographiques* se manifestent par : 1° une richesse de mots prétentieux ; 2° un style guindé et affecté (ce qui n'est que l'exagération d'une tendance naturelle des jeunes gens à la puberté) ; 3° quelques mots dénués de sens se glissent au milieu des phrases parfaitement logiques ; 4° les règles de grammaire et d'orthographe sont observées ; ce fait permet d'éliminer la paralysie générale.

FORME PSYCHASTHÉNIQUE

Aux troubles dépressifs s'ajoutent des obsessions, des phobies angoissantes, des raptus émotionnels, des scrupules, des remords, etc. Ces phénomènes sont des réactions individuelles du terrain morbide (dégénérescence antérieure) ; ils disparaissent avec les progrès de la démence.

FORME HYSTÉRIQUE

Les troubles hystériques sont fréquents au début de la démence précoce. Les uns appartiennent à l'hystérie qui s'associe à cette affection, les autres au processus démentiel.

Ces derniers sont des *pseudo-stigmates hysté-*

riques analogues aux accidents hystériformes de la manie, de la paralysie générale, etc. Parmi ces troubles nous distinguons : les *excentricités*, l'*instabilité d'humeur*, le *rire*, la *suggestibilité*, l'*automatisme*, la *confabulation niaise et pauvre*, l'*aphonie*, le *singultus*, les *raideurs subites*, les *contractures localisées*, les *convulsions suivies de paralysie*, etc. Les attaques d'hystérie consécutive à une idée fixe avec ou sans perte de connaissance, sans écume, sans morsure de la langue, sans relâchement sphinctérien, ne sont pas rares dans la démence précoce. L'ensemble de ces phénomènes constitue un syndrome hystérique qui masque souvent l'affaiblissement mental.

Le diagnostic ne peut être fait que par la recherche de la paralysie affective qui contraste avec l'émotivité morbide, les sentiments exagérés et mobiles des hystériques.

FORME ÉPILEPTIQUE

Les attaques épileptiformes localisées ou généralisées, de courte ou de longue durée, sont des signes avant-coureurs de la démence au même titre que les ictus signalés au début de la paralysie générale.

D'après nos recherches, ces ictus relèvent de causes diverses : 1° dans les cas avérés d'épilepsie, où les attaques dataient de longtemps, ils proviennent d'une association de la névrose avec la démence précoce; 2° il y a des faits qui nous autorisent à croire que les attaques d'épilepsie appartiennent dans d'autres cas au processus toxique démentiel.

Les poisons se localisent dans la zone motrice et, arrivés à saturation, déterminent des phénomènes convulsifs en rapport avec cette localisation.

Dans ce cadre rentrent : 1° les *cas isolés* de convulsions sur lesquels insistait Kahlbaum; 2° les cas de démence rapide survenant après une seule attaque convulsive comme dans les observations de Kraepelin, Masoin, Urstein et les nôtres.

Les formes à ictus sont généralement graves. A la suite de ces phénomènes, la démence s'accentue et les troubles catatoniques, délirants et hallucinatoires, apparaissent.

FORME HYPOCONDRIAQUE

La dépression physique et morale et les troubles cénesthésiques constituent les phénomènes fondamentaux de la période prodromique, quelle qu'en soit la forme. Dans certains cas, les idées hypocondriaques sont si nombreuses qu'elles masquent les autres symptômes.

Ces idées portent sur la santé physique et morale; elles sont variables, persistantes et puériles et ne s'accompagnent pas d'émotion angois-

sante comme dans la neurasthénie, la mélancolie, etc. Elles siègent fréquemment dans la zone
génitale. Les idées hypocondriaques sont d'un très
mauvais pronostic, elles témoignent d'une désagrégation profonde de la cénesthésie.

FORME FÉBRILE

Le début fébrile a été signalé par Dide et Trepsat.
Il appartient aux formes rapides et s'accompagne
de phénomènes gastro-intestinaux intenses. Nous
avons observé un cas semblable chez une jeune
fille, qui fut prise subitement de vomissements
incoercibles, accompagnés de suppression brusque
des règles et d'une fièvre dont la durée fut d'un
mois. La température monta d'emblée à 40°. La
courbe présentait des oscillations analogues à celles
de la grippe. Au bout d'un mois, la fièvre baissa et
fit place à une hébéphréno-catatonie avec affaiblissement mental profond.

B. — PÉRIODE ACTIVE

PÉRIODE DU DÉBUT. PÉRIODE D'ÉTAT. CATATONIE.
HÉBÉPHRÉNIE. DÉMENCE PARANOÏDE

La période active correspond à la période du
début et à la période d'état. Elle peut être aiguë,
subaiguë, etc.

Cette période englobe à la fois les altérations

inflammatoires (délires, hallucinations, phénomènes d'inhibition et d'excitation), les altérations destructives (affaiblissement mental) et les troubles physiques.

Le passage de la période prodromique à la période active se fait soit brusquement, soit par l'apparition de signes essentiels qui affirment le diagnostic, soit lentement par l'aggravation générale des phénomènes déjà constatés.

Les troubles psycho-sensoriels occupent habituellement le premier plan du tableau clinique, bien qu'ils ne soient que des épisodes accessoires, variables et inconstants. Ces phénomènes secondaires revêtent l'aspect clinique de toutes les psychoses aiguës. Ainsi, on rencontre au début de la démence précoce toutes les variétés psychosiques connues : états mélancoliques, maniaques, mixtes, confusionnels, hallucinatoires, délire de persécution.

A la période toxique comme à toutes les périodes, le signe capital de la démence précoce, *c'est le déficit psychique*. Il doit être recherché dès le début de l'affection. Primaire, généralisé, mais *électif*, invariable ou évoluant irrégulièrement par poussées, il est difficile à déceler au milieu des perturbations surajoutées.

L'analyse minutieuse des facultés mentales permet de découvrir les symptômes fondamentaux de l'affaiblissement mental : *troubles de la sphère affective*, c'est-à-dire amoindrissement ou disparition du ton émotionnel, amnésie affective, dissociation des éléments intellectuels et affectifs, disparition des sentiments de famille, du sens moral, etc.; *troubles de la volonté* : intensité de l'activité automatique et aboulie.

L'étude de l'activité délirante est de la plus haute importance pour l'appréciation du déficit psychique. Les idées morbides font partie du réseau de l'idéation et traduisent la moindre modification pathologique. Elles sont à même de faire apprécier le niveau mental; les altérations apportées aux facultés et de fournir des données sur l'évolution du processus morbide.

Caractères généraux des délires et des hallucinations. — Les conceptions délirantes considérées dans leur ensemble présentent un certain nombre de caractères qu'il importe de déterminer.

On peut diviser les délires des déments précoces en deux catégories : *les délires incohérents* et *les délires stéréotypés*.

DÉLIRES INCOHÉRENTS

Les délires incohérents des déments précoces sont des délires polymorphes, à idées morbides multiples, mobiles, niaises, absurdes, contradictoires et imprécises. Ils se distinguent des délires polymorphes des dégénérés par de nombreux caractères :

1° *Le polymorphisme des déments précoces est indépendant de toute excitation cérébrale.* Les représentations mentales ne s'attachent pas à une idée directrice et ne se groupent que passagèrement autour d'un état affectif. Désorientées et sans lien, elles se laissent entraîner à chaque instant dans des voies qui les égarent. C'est ainsi que les idées délirantes affectent toutes les formes : mystique, érotique, mélancolique, mégalomaniaque, hypocondriaque, etc. Fréquemment, on voit plusieurs variétés coexister ou se succéder ; tel malade qui se croit empereur, pape, roi, est en même temps un coupable ou un possédé du diable.

Mais quelle que soit la forme de la démence précoce, les délires cénesthésiques sont les plus fréquents.

Les idées hypocondriaques, de négation, de transformation corporelle, de possession, érotiques, manquent rarement. Ces troubles cénesthésiques, associés aux hallucinations, constituent parfois un délire de persécution physique.

2° *Les conceptions délirantes sont à base d'hallucinations, d'illusions et d'interprétations fausses.*

Les *hallucinations et les illusions* sont remarquables par leur fréquence, leur multiplicité et leurs contradictions. Les hallucinations de l'ouïe, de la vue, cénesthésiques (érotiques, etc.), sont les premières en date. Pour Weigandt, les hallucinations génitales dominent la scène dans l'hébéphréno-catatonie.

Les illusions s'associent aux phénomènes hallucinatoires et les perceptions s'altèrent comme dans un rêve. L'onirisme, les états crépusculaires et confusionnels sont en rapport avec les troubles sensoriels.

Au commencement de la maladie, les hallucinations sont habituellement désagréables et inquiètent le malade. Plus tard, elles deviennent indifférentes.

« Maints malades, dit Kraepelin, considèrent les hallucinations comme des événements artificiels, comme une espèce de spectacle qu'on leur montre, et s'en amusent beaucoup; d'autres encore ne s'en soucient pas du tout et les considèrent comme des réponses à leurs questions, etc. »

Souvent, le contenu des voix est insensé, contradictoire, et n'a aucun lien avec l'état délirant du malade.

Un de nos malades entendait une voix qui lui disait à l'oreille droite : « Tu as du génie, l'univers a besoin de toi »; une autre, à l'oreille gauche : « Tu es un imbécile »; et une troisième, dans le cœur : « Coquin ».

Les hallucinations psycho-motrices sont précoces, nombreuses et persistantes; elles témoignent d'une désagrégation profonde. Parmi celles-ci les *halluci-*

nations graphico-motrices méritent une attention spéciale; elles sont *automatiques, impératives ou impulsives.*

3° Le délire polymorphe des déments précoces est mobile mais il n'évolue pas. Le rayonnement d'un délire n'est possible qu'avec une activité mentale en rénovation incessante.

Chez les déments précoces incohérents, le processus de désagrégation fragmentaire détruit les idées délirantes à mesure qu'elles naissent.

4° *A mesure que l'affaiblissement moral progresse, le délire se dépersonnalise*, c'est-à-dire qu'il prend l'aspect d'un rêve, d'une irréalité. Le malade assiste en spectateur indifférent au défilé de ses idées morbides les plus étranges.

5° *Le délire incohérent est dépourvu de ton émotionnel.* Il est terne et monotone. La chaleur affective ne se répand pas dans les conceptions délirantes. Les idées de grandeur ne sont pas colorées de cette teinte émotionnelle agréable qui produit l'euphorie et la satisfaction béate des paralytiques généraux, des maniaques et des débiles.

Les déments précoces gardent au milieu de leur richesse, de leurs titres de prince, d'empereur, etc., un facies passif, indifférent et souvent pâle, sans animation, sans joie, sans émotion. Ces mégalomanes ne font pas de délire d'altruisme, ils n'ont pas ce besoin de générosité si fréquent chez les paralytiques généraux.

La désharmonie entre l'intensité du délire et les phénomènes affectifs constitue, à notre avis, un symptôme de premier ordre.

6° Tout délire qui n'est pas démentiel est, comme l'erreur, une *constellation de jugements affectifs.*

L'activité paralogique discute, raisonne et coordonne ses conceptions en obéissant à la logique des sentiments. Chez les déments précoces, les lésions graves de l'affectivité abolissent les sentiments qui soutiennent la foi et la conviction dans les idées morbides.

La logique des sentiments disparaît avant la logique rationnelle. Les raisonnements de justification perdent leur coefficient émotionnel, s'affaiblissent et deviennent incapables d'édifier une conception fausse.

7° Les *troubles psycho-sensoriels peuvent être actifs ou passifs.*

Dans le premier cas, ils produisent des réactions adéquates à leur contenu. Les stéréotypies actives, le négativisme avec contenu idéo-affectif, certaines impulsions sont sous la dépendance de l'activité psycho-sensorielle.

Chez les paranoïdes au début, les actes sont souvent en rapport avec les représentations et les perceptions fausses.

Mais le véritable symptôme démentiel du délire incohérent, c'est la *paramimie délirante.* L'activité psycho-sensorielle n'est plus en harmonie avec les réactions mimiques, la conduite et les actes.

Les mégalomanes se laissent mener comme de petits enfants ; les mélancoliques, humbles et déprimés, manifestent une résistance opiniâtre : les persécutés racontent leurs tortures avec un visage souriant et radieux et ceux qui ont des idées de négation et de transformation corporelle n'expriment pas le moindre sentiment d'effroi ou d'épouvante.

Genèse des délires incohérents. — L'activité paralogique des déments précoces reconnaît plusieurs causes. Elle tire son origine :

1º Des hallucinations et des illusions. Ces phénomènes introduisent dans l'idéation des éléments de perceptions erronées.

2º De l'affaiblissement mental qui ternit les idées de rapport (jugement, raisonnement, comparaison) interrompt le jeu des associations d'idées, supprime le sens auto et hétéro-critique et facilite la production des représentations anormales. Le processus démentiel procède par des îlots paralogiques avant d'arriver à la diffusion des lésions.

3º Il est admis que l'affectivité est presque toujours l'agent intérieur et puissant de la coordination des idées morbides.

Au début de la démence précoce, lorsque la paralysie des sentiments et des émotions est moins intense, les souvenirs affectifs, ceux qui sont le plus profondément enracinés, peuvent devenir le centre d'un groupement délirant.

Freund, Abraham et Jung ont démontré par la méthode analytique que les traumatismes psycho-sexuels antérieurs à la puberté laissent des traces profondes dans l'imagination des enfants. Comme chez les hystériques, ces souvenirs sexuels devien-nent le point de départ des idées érotiques et des hallucinations génitales.

Jelliffe a insisté, avec juste raison, sur les diverses manifestations affectives de la personnalité à la puberté : dépression, méfiance, orgueil, mysti-cisme et sur leur rôle dans les conceptions fausses.

4° Le délire des déments précoces peut naître par *suggestibilité*. Les événements qui se déroulent sous leurs yeux, les objections, les discussions, agissent sur l'activité délirante et modifient à chaque instant son contenu.

5° Les associations d'idées de l'activité délirante obéissent aux lois de contiguïté, de ressemblance, de contraste. Dépourvues presque toujours de centre de groupement, elles s'associent automati-quement. Le délire est souvent une suite de conti-guïtés verbales ou une série de mots qui se succè-dent les uns aux autres, évoqués par un son ou par un contraste.

Les stéréotypies, la persévération, la verbigéra-tion, la salade de mots appartiennent à l'activité délirante comme à l'activité mentale.

DÉLIRES STÉRÉOTYPÉS

Les délires stables de la démence précoce sont stéréotypés et non systématisés.

Entre les idées incohérentes, mobiles et les délires stables, il y a une infinité de délires intermédiaires.

La question de la systématisation des délires dans la démence précoce est à l'ordre du jour.

Nous savons que Kraepelin a englobé dans la démence précoce, sous le titre de délires fantasques, tous les délires hallucinatoires systématisés avec ou sans démence. La conception du professeur de Munich a trouvé de nombreux détracteurs en France (Séglas, Masselon, Régis, etc.). Dans l'intérêt de la logique de la psychiatrie, il est utile de ne pas désigner par un terme univoque des choses dissemblables.

Les délires stéréotypés des déments précoces n'ont qu'une ressemblance apparente avec les délires stables des psychoses systématisées. Ils se distinguent par des caractères cliniques de la plus haute importance.

Les délires stéréotypés se présentent sous plusieurs formes : mélancolique, mystique, délire de grandeur, de persécution, isolés ou associés ; ces derniers forment le *syndrome paranoïde.*

Nous avons vu que l'*affectivité* est presque toujours l'agent intérieur de la coordination des paralogies. Un sentiment exagéré (amour-propre, orgueil, etc.), une émotion, une sensation morbide, deviennent le noyau autour duquel se groupent les idées fausses. Plus le trouble affectif est intense et actif, plus l'activité délirante tend à la systématisation. Sont tenaces tous les délires qui enfoncent leurs racines dans les profondeurs affectives du moi et font partie intégrante de la personnalité.

Les paranoïdes sont les déments précoces qui conservent le plus longtemps leurs conceptions délirantes. Les idées de persécution et de grandeur sont l'efflorescence des tendances égocentriques préexistantes. Séglas, Deny et Roy, Tanzi, etc., ont apporté des faits qui montrent que les paranoïdes, comme les persécutés systématisés, présentent antérieurement à la démence précoce la « constitution paranoïenne » des auteurs italiens (Morselli, Tanzi-Riva), c'est-à-dire une hyperesthésie de l'amour-propre, de l'orgueil, de la jalousie, de la méfiance, de la susceptibilité. Chez nos malades, nous avons trouvé que cette constitution paranoïenne se dissimulait fréquemment sous le masque de la modestie et de la timidité. D'ailleurs, nous savons que les modestes et les timides sont souvent des individus orgueilleux qui cachent une hyperesthésie psychique très vive.

Les maladies mentales dévoilent l'égocentrisme de ces individus.

La démence paranoïde est la résultante de la com-

binaison du caractère égocentrique, anomalie d'évolution et de la démence, processus d'involution.

Au début de l'affection, les idées paranoïennes englobent un certain nombre de représentations mentales qui se combinent entre elles et donnent l'apparence d'une suractivité intellectuelle. Mais autour de l'activité délirante, le processus démentiel tend à dissocier les éléments de là synthèse principale et à isoler les idées morbides. Peu à peu, ces idées ne forment plus qu'un bloc autonome, un îlot paralogique, qui s'immobilise à la manière d'une stéréotypie motrice.

L'isolement de l'activité délirante explique la fixité, la répétition et la monotonie des idées morbides. Dépourvue de connexions, elle ne peut plus s'adapter, évoluer et se perfectionner. Le délire se « fige », suivant l'heureuse expression de Masselon. Plus tard, lorsque la démence s'attaque au bloc autonome, les idées se disloquent, se ternissent, disparaissent.

Les *résidus paranoïdes* ne contiennent plus que des débris de délires, des fragments de l'ancien édifice. Telle est l'évolution des délires stéréotypés.

Lorsque l'affaiblissement mental est suffisamment accentué, les caractères généraux de ces délires sont absolument les mêmes que ceux des délires incohérents. Les *délires stéréotypés sont à base d'hallucinations, d'illusions et d'interprétations fausses; ils sont dépourvus de ton émotionnel et*

*manquent de conviction et de foi ; ils ne sont pas
en harmonie avec les actes et la conduite ; les raisonnements de justification sont faibles ;* en somme,
ils portent l'empreinte de la démence sous-jacente.

DÉLIRES SYSTÉMATISÉS

Le délire des psychoses systématisées est une
exubérance des facultés idéo-affectives, une production nouvelle qui se surajoute à la personnalité sans
supprimer le jeu des idées. Le délire systématisé
peut être comparé à une tumeur bénigne qui se
superpose aux organes sans troubler leur vitalité.

La systématisation d'un délire suppose une évolution, un progrès, une augmentation de fin, c'est-
à-dire la coordination des idées, leur coopération
et leur convergence vers le même but.

*Pour qu'un délire se systématise, il faut qu'il ait
gardé ses connexions avec la synthèse principale.*
C'est elle qui assure le rayonnement et la diffusion
des idées morbides. L'activité paralogique des psychoses systématisées emprunte aux impressions
extérieures, aux perceptions fausses, les troubles
sensoriels et aux représentations mnésiques, les
éléments aptes à corroborer les concepts déjà affir-
més. Les sentiments affectifs (orgueil, ambition, etc.)
président à la sélection et à la prolifération des idées
morbides.

En somme, toute la vie psychique participe à la

construction et à la cristallisation des idées délirantes. « L'unicité du délire, disait Falret, ne doit
pas faire croire à une lésion partielle, car l'ensemble
des facultés est nécessaire pour la moindre conception intellectuelle. »

Grâce à l'harmonie psychique, à l'adaptation, à la
personnalisation, à la systématisation, aux associations des idées, le délire continue à proliférer et à
envahir toutes les constructions syllogistiques de la
synthèse principale. Peu à peu, l'activité psychique
n'est plus qu'un système de paralogies. Le moi faux
se substitue entièrement au moi ancien et il continue à évoluer en obéissant aux lois de l'idéation.

C'est ainsi qu'il faut expliquer la longévité délirante de certains paranoïaques. On voit souvent dans
les asiles de chroniques, des persécutés dont l'activité mentale s'adapte, personnalise et construit des
idées à l'âge de soixante-dix et quatre-vingts ans bien
que leur moi soit remplacé par un autre. Les Jésus-
Christ, les Jeanne d'Arc, les sainte Vierge, etc., sont
souvent au courant des événements de l'établissement, lisent les journaux, argumentent sur les faits
politiques et ont une mémoire remarquable.

Chez les malades dont le délire se complique tardivement de démence, on peut admettre qu'il se
produit, sous l'influence des causes débilitantes
(mauvaise nutrition cérébrale de cause alcoolique,
syphilitique, tuberculeuse, sénile, traumatique, etc.),
une diminution de l'activité mentale. Le délire sys-

tématisé cesse de rayonner. La désagrégation mentale envahit les éléments psychiques, supprime leurs
connexions et isole l'activité délirante. Celle-ci n'est
plus qu'une individualité parasite, analogue aux
délires stéréotypés des déments précoces.

Telles sont les différences que l'on peut établir
d'après l'étude des faits et les lois de la psychologie, entre les délires stéréotypés des déments précoces et les délires systématisés. Mais comme nous
l'avons dit, au début de ce travail, nous n'avons
envisagé que les faits relevant d'une affection nettement délimitée. Entre la démence paranoïde et les
délires franchement systématisés, il y a une foule
de délires intermédiaires, difficiles à étiqueter avec
précision.

Ces délires, c'est le chaos de la psychiatrie ac-
tuelle.

Certains auteurs les rangent dans les délires polymorphes des dégénérés, les autres ne les distinguent
pas de la démence paranoïde. Nous verrons qu'il est
possible de limiter la démence paranoïde, à condition de ne faire rentrer dans ce cadre que les cas
qui portent l'empreinte de l'affaiblissement mental
spécial à la démence précoce.

Catatonie. Hébéphrénie. Démence paranoïde.

La période active est différente suivant la forme
que revêt la démence précoce. Kraepelin distingue

trois variétés fondamentales : *catatonique, hébéphrénique et paranoïde.*

La plupart des auteurs qui ont adopté cette classification, bien qu'ils rangent l'hébéphrénie, la catatonie, la démence paranoïde sous le même vocable,
les décrivent comme des variétés distinctes.

L'observation prolongée de ces malades montre
que les trois formes fondamentales ne sont pas
indépendantes et qu'elles représentent plutôt des
syndromes susceptibles de se mélanger diversement.

D'ailleurs, Kraepelin, dans sa dernière édition, a
reconnu que les trois groupes principaux sont reliés
entre eux par de nombreuses *formes de passage.*

Aschaffenburg a défendu, dans une critique serrée,
l'identité complète de l'hébéphrénie et de la catatonie. Pour cet auteur, la démence précoce est constituée par la fusion complète de ces types.

Meeus admet une variété franchement catatonique, une variété franchement hébéphrénique et
des types intermédiaires.

R. de Fursac a insisté sur la ressemblance de
l'hébéphrénie et de la démence paranoïde et il les
a réunies sous le titre de démence précoce délirante.

Nous avons repris l'étude de ces variétés fondamentales de la démence précoce. L'observation a
porté sur 132 malades. Voici les conclusions auxquelles nous sommes arrivé :

1° *Il n'y a pas de catatonie franche ;* les troubles

psycho-sensoriels précèdent, suivent ou coexistent avec les troubles psycho-moteurs.

2° *Il n'y a pas de démence paranoïde et hébéphrénique franches;* les manifestations psycho-motrices plus ou moins légères qui les accompagnent sont de nature catatonique.

3° *Les variétés fondamentales de la démence précoce sont des formes mixtes* qui résultent de la combinaison, à des degrés divers, des troubles psycho-sensoriels et des troubles psycho-moteurs.

4° Le mélange des caractères spéciaux des trois formes en une seule est la plus convaincante démonstration de leur unité. Les formes mixtes justifient la synthèse de Kraepelin. *On peut conclure de là que la démence précoce est une et qu'il n'y a pas de symptômes qui puissent se rencontrer dans telle ou telle forme à l'exclusion des autres.*

Forme hébéphréno-catatonique.

La forme hébéphréno-catatonique est celle qui est le plus généralement admise. Elle est la plus fréquente et la plus typique. Elle résulte de la fusion du syndrome hébéphrénique et du syndrome catatonique.

SYNDROME HÉBÉPHRÉNIQUE

D'après les indications de Kahlbaum, Haeker décrivit en 1871 une maladie mentale spéciale à la jeunesse, l'*hébéphrénie*. Il la considéra comme un trouble de la puberté « dont la marche se caractérise par le fait qu'à un stade plus ou moins accentué de mélancolie succède un stade d'excitation maniaque plus ou moins forte, après lequel se développe un état spécial de faiblesse psychique ou d'inhibition, dont les signes sont déjà manifestes au début de l'affection ».

Le syndrome hébéphrénique résulte de l'association de la démence avec les troubles délirants hallucinatoires et les états morbides d'excitation et de dépression.

Ces phénomènes réunis ou isolés donnent lieu à de nombreuses variétés hébéphréniques qui marquent le début apparent de la démence précoce. Parmi ces variétés, les plus importantes sont : les *états mélancoliques, maniaques, mixtes, confusionnels, délire hallucinatoire, etc.*

États mélancoliques. — Dans plusieurs travaux, nous avons démontré que les états dépressifs prédominent, non seulement à la période prodromique mais encore au début de la démence précoce.

Les états dépressifs revêtent tous les aspects de la mélancolie : *dépression simple, mélancolie anxieuse* et *mélancolie délirante.*

La mélancolie comme la neurasthénie n'est qu'un voile jeté sur la démence. Celle-ci se manifeste dans l'expression de l'état mental, dans les conceptions délirantes et les réactions morbides.

La douleur morale et l'anxiété peuvent atteindre une intensité très grande. Elles surviennent sans cause et évoluent avec de nombreuses solutions de continuité. La dépression la plus profonde est brusquement interrompue par des réactions morbides non adéquates à l'état de tristesse. Parmi ces réactions, nous signalons les *explosions de rire*, les *grimaces*, les *colères violentes*, les *impulsions*, etc. Parfois, un léger sourire moqueur, un geste, vient mettre en évidence l'absence de concordance entre les réactions mimiques et l'attitude douloureuse du malade.

L'analyse subjective et les phénomènes de dépersonnalisation se rencontrent comme dans la neurasthénie. Les déments précoces mélancoliques sentent les modifications de leur état psychique, mais ils ne les expliquent pas avec la logique des vrais mélancoliques. Les associations des idées ne sont pas guidées exclusivement par la douleur morale, elles dépassent souvent son cercle étroit, d'où l'absurdité et la contradiction des déductions et l'impossibilité qu'elles se coordonnent en un système délirant.

Les conceptions délirantes sont nombreuses. Les idées de ruine, de culpabilité, d'humilité, d'expiation, etc., accompagnées d'hallucinations ne sont pas rares. Mais le délire mélancolique le plus fréquent et le plus typique, c'est le *délire cénesthésique*. Il est composé d'idées hypocondriaques, d'idées de transformation corporelle, de négation et d'hallucinations cénesthésiques et psycho-motrices verbales. Parfois, on rencontre le syndrome de Colard. R. de Fursac en a signalé deux cas. Les idées délirantes sont tantôt incohérentes, tantôt stéréotypées ; elles présentent les caractères que nous avons décrits plus haut.

États maniaques. — Les états maniaques de l'hébéphrénie se confondent avec ceux de l'agitation catatonique ; ils s'en distinguent par la prédominance des idées délirantes et des hallucinations.

Les états maniaques tantôt sont initiaux, tantôt succèdent à un accès dépressif (cycle de Haeker).

L'accès maniaque hébéphrénique peut revêtir toutes les formes de la manie, depuis la simple turbulence avec impulsions passagères et accès de colère jusqu'à l'excitation suraiguë. L'excitation porte principalement sur la sphère idéo-motrice et touche moins la sphère cénesthésique et idéo-affective. Ce fait explique pourquoi l'accès maniaque des hébéphréniques ne s'accompagne pas d'euphorie, d'optimisme et d'altruisme. Chez les paralytiques généraux excités et chez les maniaques, la cénesthésie est toujours agréable et les sentiments exaltés. Ces malades sont *philonéistes,* entreprennent des affaires nouvelles et manifestent un besoin d'activité incessant.

Les déments précoces ont souvent une cénesthésie désagréable ; ils sont *misonéistes* et cherchent à dépenser le moins possible de force intellectuelle.

L'accès maniaque du dément précoce est surtout une excitation automatique, un besoin intermittent de locomotion et d'activité, qu'il dépense en impulsions génitales, alcooliques ou en actes extravagants délictueux.

Les stéréotypies parakinétiques, le psittacisme, la verbigération etc., complètent le tableau clinique.

Les idées délirantes les plus fréquentes sont les idées de grandeur et les idées érotiques. Ces dernières s'accompagnent d'excitation sexuelle, de masturbation, de paroles obscènes et d'exhibitionnisme.

Les idées de grossesse ne sont pas rares ; on peut les observer même chez les hommes. En voici un exemple :

M. T..., étudiant en droit, âgé de vingt-quatre ans. Après une période de neurasthénie et quelques vagues idées mélancoliques, il présente de l'excitation maniaque hébéphrénique. Il se croit femme et « enceinte » des œuvres de l'empereur Guillaume. Il cause doucement avec une voix flûtée, fait des yeux doux aux infirmiers, déchire ses vêtements pour se faire des jarretières et des ceintures de grossesse. Il se met des rubans dans les cheveux, enveloppe ses organes génitaux avec des chiffons et manifeste une très grande pudeur. Il fait de petits pas et marche en se dandinant

« à cause du ventre qui est gros » et pour ne pas déranger le « petit ». Le délire de grossesse cesse par moments et le malade reprend son sexe. Il perd sa pudeur, se met tout nu, exhibe ses organes génitaux, fait des propositions obscènes aux infirmiers, puis il redevient femme et le délire de grossesse renaît, etc.

Un des caractères principaux de ces accès maniaques, c'est la rapidité avec laquelle ils débutent et finissent.

Etats maniaco-dépressifs (Cycle de Haeker). — Les accès dépressifs et maniaques s'associent fréquemment de façon à constituer un état mixte, cyclique, qui rend le diagnostic très difficile avec la folie circulaire.

L'alternative d'états différents est le propre de la démence précoce. L'humeur des malades est en équilibre instable ; ils passent de la dépression à l'excitation avec une très grande facilité.

Etats confusionnels. Délire hallucinatoire aigu. — Pour qu'il y ait confusion mentale, plusieurs éléments sont indispensables : *troubles des perceptions et de l'assimilation ; troubles de l'évocation et de la coordination des images, diminution de l'activité consciente.*

L'ensemble de ces phénomènes peut être réalisé par le processus morbide de la démence précoce.

La dissociation et l'engourdissement des éléments psychiques empêchent l'évocation et la coordina-

-tion des images. La multiplicité des idées délirantes et des hallucinations trouble les perceptions, la faculté de personnalisation et obnubile la conscience.

L'accès confusionnel éclate tantôt d'emblée à titre d'équivalent dans la sphère psychique d'un ictus, tantôt il est la manifestation d'une toxi-infection surajoutée (alcoolisme, tuberculose, etc.).

Ces accès revêtent de nombreuses modalités cliniques :

1º Les états crépusculaires d'obnubilation passagère sont les plus fréquents ; ils succèdent à un ictus ou à un état d'excitation maniaque.

2º Le *délire hallucinatoire aigu* marque souvent le début de la démence précoce. Les idées morbides ont généralement une teinte mélancolique. Elles sont mobiles, vagues, incohérentes, accompagnées d'hallucinations multiples, cénesthésiques, auditives, etc., et de signes physiques qui traduisent l'intoxication profonde de l'organisme.

3º *Syndrome de Ganser*. — Ce syndrome est un état confusionnel où dominent les hallucinations, les troubles de la mémoire, la désorientation et le symptôme des réponses « à côté ». Ce syndrome se rencontre dans l'hystérie et dans la démence précoce.

Dans toutes les formes confusionnelles, on cherchera l'apraxie idéatoire. Ce phénomène est parfois très accentué et exagère l'affaiblissement mental.

SYNDROME CATATONIQUE

Le syndrome catatonique est généralement confondu avec la catalepsie. Beaucoup de médecins employent ce terme pour désigner la conservation des attitudes passives.

La catatonie englobe toutes les manifestations motrices des déments précoces. Elle comprend non seulement la suggestibilité (flexibilité cireuse, catalepsie, activité d'imitation), mais encore le négativisme, les stéréotypies, les impulsions et les états complexes qui participent à la fois de tous ces phénomènes morbides (maniérisme, grimaces, rire, etc., etc.).

La catatonie se rencontre dans toutes les psychoses (paralysie générale, folie circulaire, confusion mentale, épilepsie, démence sénile, etc.) et dans toutes les maladies toxi-infectieuses (alcoolisme, syphilis, urémie, infection hépatique, scarlatine, fièvre typhoïde, etc.), mais « c'est seulement sur le terrain de la démence précoce que le syndrome catatonique atteint des caractères prononcés de développement, d'intensité et de permanence » (Séglas).

Le syndrome catatonique est rarement primitif, il succède le plus souvent à un accès mélancolique, confusionnel, maniaque, à un ictus épileptiforme ou hystériforme. Parfois, les hallucinations de

la vue, les vertiges, la céphalée, le délire de possession corporelle constituent une véritable *aura
catatonique*.

Ses manifestations cliniques grossières sont la
stupeur et l'*agitation*.

Nous étudierons ces phénomènes sous le nom de
grande catatonie.

GRANDE CATATONIE

Stupeur catatonique. — La stupeur catatonique
peut se montrer sous trois aspects cliniques :

1° La *stupeur flasque* avec prédominance des
phénomènes cataleptiques; c'est celle que l'on confond le plus souvent avec la catalepsie des hystériques.

2° La *stupeur rigide* avec prédominance des phénomènes d'opposition.

3° La *stupeur mixte*, la plus typique, qui est
caractérisée par l'alternative ou la coexistence du
négativisme, de la suggestibilité et des stéréotypies.

Ayant longuement étudié les manifestations psycho-motrices des déments précoces, nous n'y
reviendrons plus. Nous insisterons seulement sur
les caractères généraux de la stupeur catatonique.

L'immobilité et la concentration de ces malades
présentent des degrés variables. Les états incomplets de demi-stupeur (torpeur, obnubilation, hébé-

tude, prostration) sont plus fréquents que la stupeur profonde.

A un examen superficiel, la stupeur des déments précoces ressemble à celle des mélancoliques, des confus, des épileptiques, etc. L'absence de spontanéité, l'akinésie, le mutisme, les états cataleptiformes, les stéréotypies d'attitude envisagés isolément présentent les mêmes caractères cliniques. *Mais le groupement de ces phénomènes et leur évolution permettent dans certains cas de déceler la démence précoce sous-jacente.*

1° La coexistence du négativisme et de la suggestibilité est un signe presque pathognomonique de la stupeur des déments précoces. Ces phénomènes se combinent à des degrés très différents chez le même individu.

Le signe de la langue de Kraepelin s'associe au mutisme, à la sitiophobie, etc., la flexibilité cireuse, au barrage de la volonté, etc.

Nous avons vu plus haut qu'on peut trouver chez le même malade de l'héminégativisme et de l'hémisuggestibilité.

2° La passivité des déments précoces est plus prononcée que celle des mélancoliques, etc. Ils supportent les piqûres douloureuses sans se défendre ; ils gardent même les épingles qu'on leur a piquées dans la paupière. En présence des mêmes faits, les mélancoliques ont des réactions normales. Ils se défendent avec émotion, leur physionomie

tressaille et regarde d'un air de reproche douloureux.

La passivité des catatoniques s'étend à tous les
actes qui demandent de la réflexion et de la spontanéité. Ils sont incapables de se vêtir et ont perdu
tout instinct de propreté.

3° En dépit des apparences, le syndrome catatonique n'est pas le résultat d'un trouble de l'activité
intellectuelle mais un *état d'incoordination psycho-
motrice* qui traduit la rupture des relations entre
les états affectifs et la volonté et la prédominance
de l'*activité automatique*.

Derrière l'enveloppe inerte, il se cache parfois
un certain degré de lucidité. Le malade n'est
qu'apparemment éloigné de ce qui l'entoure et,
l'accès de stupeur passé, il raconte avec plus ou
moins de précision les événements auxquels il a
assisté.

Chez d'autres malades, il y a une véritable activité délirante et hallucinatoire.

4° La *discontinuité de la stupeur* est un symptôme de premier ordre. La recherche de ce phénomène exige une surveillance constante de jour et
de nuit.

La physionomie immobile, aux regards étonnés,
est souvent sillonnée de grimaces, protrusion des
lèvres, contractions fibrillaires, sourires, etc.

Parfois, il y a éclats de rire, troubles vaso-moteurs, rougeur subite, etc. ; enfin, chez quelques

malades, on observe un tremblement vibratoire qui secoue tout le corps.

5° L'*alternative d'états différents* est, d'après Kraepelin, un trait essentiel de la catatonie des déments précoces.

L'immobilité est subitement remplacée par l'agitation, le mutisme par la logorrhée, l'inertie par des actes impulsifs, la sitiophobie par de la voracité, etc., etc. Ces changements peuvent survenir la nuit, durer quelques heures, et disparaître avec la même brusquerie.

Agitation catatonique. — L'agitation catatonique se distingue de l'excitation hébéphrénique par la pauvreté des idées délirantes et des hallucinations, par la richesse et l'intensité des stéréotypies parakinétiques et des impulsions.

Le plus souvent, ces deux états se confondent et il est difficile de les séparer.

L'agitation catatonique éclate sans motif, d'une façon inopinée. Son degré d'intensité est très variable.

Les malades se livrent aux actes les plus singuliers et les plus extravagants. Ils montent dans leur lit, en descendent, font avec leurs bras des mouvements rythmés, dessinent en l'air des lettres, des chiffres, etc., crient, tambourinent contre le mur, tapent pendant des heures sur la table, dansent, frottent, piétinent, crachent partout, remuent les meubles, déchirent leurs vêtements.

Les uns deviennent tout d'un coup raides, s'étendent sur le sol, prennent des attitudes de crucifiés, d'hommes-serpents, etc., d'autres marchent sur la pointe des pieds, se balancent de droite à gauche, mettent leurs bras en pronation forcée.

Les impulsions sont nombreuses et dangereuses. Les unes sont homicides, d'autres suicides, etc. Les auto-mutilations sont fréquentes.

- Les malades s'égratignent, s'arrachent les cheveux, se brûlent, se mordent les bras, se cognent ou se suicident ; quelques-uns se livrent pendant des semaines et des mois à des tentatives de suicide qu'aucune idée mélancolique ne justifie.

L'agitation catatonique présente quelques caractères qui permettent de la reconnaître :

1° Le besoin de mouvement du dément précoce catatonique, quel que soit son degré d'intensité, se satisfait dans un tout petit espace, par exemple, dans une partie du lit, dans un coin de la chambre, autour d'un arbre, etc.

2° L'attention spontanée, affective, de ces malades est complètement atteinte. Le catatonique vit dans un monde sans couleur et sans relief, il ne s'intéresse à aucune modification extérieure.

3° Son humeur oscille entre l'excitation (avec puérilisme et grossièreté), la dépression et l'indifférence.

4° Il y a souvent une dissociation manifeste entre le besoin de parler et celui de se mouvoir.

Les malades peuvent présenter une très grande agitation sans prononcer un mot (*agitation catatonique muette*) ou bavarder à jet continu sans bouger de place et sans même gesticuler (*agitation catatonique akinétique*).

5° La verbigération est le langage des catatoniques excités. Dans leurs discours les plus incohérents, il y a des stéréotypies et la réaction de Neisser.

6° Malgré l'intensité des phénomènes psychomoteurs, la conscience n'est pas troublée. Les catatoniques gardent un souvenir très net de leur accès d'agitation.

7° Les actes sont conscients mais indépendants des troubles psycho-sensoriels et de l'activité mentale. Ils sont purement automatiques.

Le syndrome catatonique ne se présente pas toujours sous la forme de stupeur et d'agitation. La grande catatonie ne se rencontre que dans 45 cas sur 100.

Les états incomplets sont les plus fréquents; ils constituent les manifestations psycho-motrices de toutes les variétés de la démence précoce. Nous étudierons ces phénomènes catatoniques sous le nom de *petite catatonie*.

PETITE CATATONIE

Dans la petite catatonie, les phénomènes toxiques sont moins généralisés. Certains centres seulement de la sphère motrice sont excités ou inhibés, tandis que les autres fonctionnent régulièrement.

Comme dans la grande catatonie, nous trouvons :

1° L'aptitude cataleptique que l'on peut mettre en évidence par le phénomène de la chute du bras de Meige. Cette aptitude cataleptique est localisée sur un groupe de muscles, sur un membre ou sur un segment de membre. La main docile, la fixité du regard, l'occlusion prolongée des paupières sont des phénomènes cataleptiques partiels.

2° L'activité d'imitation, échomimie, écholalie, échographie, etc.

3° L'aptitude persévératrice ou l'incapacité psychique de rien changer aux attitudes préexistantes (immobilité, incapacité d'interrompre un acte commencé, etc.).

4° Phénomènes d'opposition sous la forme la plus élémentaire : obstination à des actes insignifiants, refus d'obéissance, entêtement avec irritabilité et colère, etc.

5° Alternatives d'oppositionisme et de docilité, de dépression et d'excitation, etc.

6° Stéréotypies, maniérisme, puérilisme.

7° Explosions de rire, grimaces, clignement des yeux.

8° Besoin de mouvements avec actes impulsifs, verbigération, rappelant l'agitation catatonique.

Ces phénomènes sont intermittents et irréguliers. Ils changent à chaque instant, ils n'ont pas les mêmes caractères de « développement, d'intensité et de permanence » que ceux de la grande catatonie.

Quelle est la valeur pronostique du syndrome catatonique?

A la période active, toxique, le syndrome catatonique, comme le syndrome hébéphrénique, est sous la dépendance directe des lésions inflammatoires. Ces lésions sont susceptibles de régression et les phénomènes catatoniques disparaissent. Mais lorsque les lésions destructives font suite aux lésions inflammatoires, la catatonie s'atténue, se localise dans un département fonctionnel et devient permanente. Ainsi, on rencontre chez certains malades à la période résiduelle la plupart des phénomènes de *petite catatonie* que nous avons signalés plus haut.

DÉMENCE PARANOÏDE

Démences hébéphréno-paranoïde; paranoïdo-catatonique; hébéphréno-paranoïdo-catatonique. Syndrome paranoïde. — La démence paranoïde est une variété psycho-sensorielle de la démence précoce caractérisée par un affaiblissement mental primaire avec délire stéréotypé.

On peut la considérer avec Régis et Masselon comme une forme hébéphrénique dont le délire est plus stable.

Nous avons étudié les caractères généraux des

délires stéréotypés et les différences qui existent entre ces délires et ceux des psychoses systématisées. Nous n'avons plus qu'à décrire l'aspect clinique de la maladie.

La démence paranoïde, comme toutes les variétés de la démence précoce, est une maladie de la jeunesse. D'après certains auteurs, elle est plus fréquente entre vingt-cinq et trente-cinq ans et même au delà (quarante à cinquante ans).

Nous verrons plus loin que très souvent les formes tardives de la démence précoce ne sont que des rechutes. Les paranoïdes qui ont dépassé trente à trente-cinq ans sont des déments précoces qui ont présenté, pendant les années de la croissance, des poussées hébéphréno-catatoniques ou des états légers d'héboïdophrénie qui ont passé inaperçus ou auxquels on a attaché peu d'importance.

La démence paranoïde débute et se termine de la même manière que l'hébéphréno-catatonie.

Après les prodromes neurasthéniques, hystériques, épileptiques, etc., la scène s'ouvre par un accès de mélancolie ou de manie, d'états mixtes, de confusion mentale, de délire hallucinatoire avec délire de rêve (Régis), etc. Ce début hébéphrénique se fusionne avec le syndrome paranoïde et constitue la variété *hébéphréno-paranoïde*.

Dans d'autres cas, les idées de persécution et de grandeur succèdent à un accès de grande catatonie.

La stupeur et l'agitation peuvent se montrer au cours de la démence paranoïde. Urstein signale trois cas où ces phénomènes ont apparu au bout de quinze ans. Un de nos malades, après un délire égocentrique qui a duré huit ans, a présenté un accès de grande catatonie. L'association de la catatonie avec le syndrome paranoïde crée la variété *paranoïdo-catatonique*.

Dans toutes les formes de la démence paranoïde, les manifestations psycho-motrices sont d'origine catatonique. Nous trouvons ainsi mélangés aux troubles psycho-sensoriels les phénomènes que nous avons étudiés sous le nom de petite catatonie.

Enfin il y a un groupe de malades qui présentent alternativement des délires incohérents hébéphréniques, des phénomènes catatoniques et le syndrome paranoïde. C'est la forme mixte : *hébéphréno-paranoïdo-catatonique*. Elle est de la plus haute importance, car elle montre l'unité de la démence précoce.

Il est regrettable que l'espace mesuré dont nous disposons ne nous permette pas de donner un exemple de chaque variété de démence précoce. Nous nous bornerons à rapporter une seule observation qui donnera une idée juste de la fusion de tous les syndromes.

OBSERVATION IV. — RÉSUMÉ : *Etat mélancolique avec idées d'auto-accusation et de grandeur passagères. Prédomi-*

*nance des troubles cénesthésiques et des idées de persécu-
tion. Démence hébéphréno-paranoïde se transformant en
quelques mois en démence catatonique.*

M. N..., étudiant en médecine, âgé de trente ans.
Début à dix-huit ans par une longue période prodromique caractérisée par de la dépression morale.
Progressivement s'affirment divers phénomènes psy-
chasthéniques : fatigue psychique ; sentiment d'incom-
plétude ; nombreuses obsessions et phobies ; idées
hypocondriaques. Il croyait avoir toutes les maladies
et redoutait les microbes. Lorsqu'il recevait une lettre
de la part de ses amis médecins, il prenait de nombreuses précautions antiseptiques. Cette phobie fut la
source des premières idées de persécution qui précé-
dèrent de quelques années l'internement.

Les interprétations délirantes, les hallucinations,
les troubles cénesthésiques, la dépression morale avec
des crises d'anxiété, ouvrent la scène morbide de la
période initiale. Il est obsédé par des idées d'empoisonnement. Il a des battements de cœur et des accès
de suffocation, des bourdonnements d'oreille qu'il
considère comme des troubles d'empoisonnement par
le CO.

Il fait plusieurs tentatives de suicide. Au mois de
février 1899, il est interné à Sainte-Anne et, le 5 avril
de la même année, il entre à la maison de santé de
Ville-Evrard. Il est déprimé et triste ; il pleure souvent.
Il est très conscient de son état : « Je suis perdu, je
vais mourir, je sens que je deviens fou. » Par moments,
il a de véritables crises d'angoisse accompagnées de
phénomènes d'oppression et de battements de cœur.

Il a une céphalée violente, dit avoir la tête en feu
et que son cerveau tourne dans l'axe du crâne. Il ne
veut pas expliquer la cause de sa tristesse et dit
avoir un gros chagrin depuis trois ans.

« Je suis tombé neurasthénique comme une feuille
morte, personne ne veut le croire. » Il a de nombreux
scrupules. Il craint d'avoir dit des choses désagréables.

« Je demande pardon des lamentables grossièretés auxquelles m'a poussé l'exaspération la plus légitime. » Il s'accuse d'avoir fait du mal à ses amis et à sa famille, mais à mesure qu'il cause, le ton de sa voix change et passe rapidement de l'humilité et de l'auto-accusation à l'accusation pure.

« Depuis dix mois on me congestionne. On m'a fait avaler tous les poisons et tous les bacilles, sans que mon expérience ait répondu autrement que par le sourire. On m'a placé ici sous le coup d'accusation infamante d'espionnage, etc. Un sinistre gredin, M. A..., a profité de mon internement pour m'accuser d'être un espion, de vouloir tuer mon frère, mes amis, les gens, d'avoir négligé mon service, d'être un anarchiste, de conspirer contre le gouvernement. »

Les hallucinations sont nombreuses et portent sur tous les sens. Quelques voix lui souhaitent ironiquement « bonne nuit ».

« Ma mère est morte, entre elle et moi en lettres de fer T. V. E. L. E. existe une voix épouvantable qui tourne dans un espace d'astres, les mots : « Tu as fait du mal, tu seras puni. » Je me sens quelquefois obligé de répéter ces mots très rapidement.

« On me fait du mal jour et nuit, minute par minute, je crois pouvoir dire sans faire fausse route que ma pauvre cervelle, si obstruée par les poisons maçonniques, ne fut pas sans quelque valeur.

« J'accuse au moins vingt chefs maçons d'avoir essayé par haine atroce de tuer deux fois mon père et d'avoir essayé de le ruiner. »

De temps en temps il manifeste quelques idées de grandeur.

« La franc-maçonnerie a pour but de tuer mon génie, soit par l'assassinat, soit par le trauma des sensibilités contrariées. Mon internement amènera le malheur universel. Depuis dix mois on insulte en moi, l'art, la science et l'imagination créatrice. »

Ces idées de grandeur, comme les idées de culpabilité et d'expiation, tendent à s'effacer de plus en plus. Ces dernières apparaissent encore dans les moments d'angoisse, mais à mesure que la maladie progresse, les troubles cénesthésiques et les idées de persécution tendent à occuper le premier plan.

Il sent continuellement des coups de couteau qu'on lui enfonce dans le corps et du matin au soir son corps engraisse et maigrit alternativement. Il reste immobile sur une chaise longue des heures entières. Il est sobre de gestes et de paroles.

Ces phases de dépression sont interrompues brusquement par des impulsions violentes. Il s'est jeté plusieurs fois sur un infirmier pour l'étrangler. D'autres fois, ce sont des explosions de rires brèves ou de véritables crises de « fou rire » durant environ une demi-heure et finissant par des crises de larmes, qui viennent interrompre la dépression. Dans ses écrits on remarque de nombreux néologismes. « Les tortures ne cessent pas, puisque c'était la condamnation du système astral, la rotation xatalétique, etc. Il y a impossibilité de communication par distalité d'expression et illusions sensorielles, etc. » Parfois les phases de dépression alternent avec des phases d'excitation de courte durée. Le malade marche alors beaucoup, fait le tour du jardin, du matin au soir, dans le même sens. Cette agitation est quelquefois muette, caractérisée uniquement par une richesse de gestes et de mouvements. D'autres fois, il répète à haute voix pendant dix heures de suite, la même phrase : « la ruine, la ruine ou la république », etc.

26 *juin* 1899. — Attaques hystériformes de sept, huit minutes. Pas de troubles consécutifs.

Août. — Il reste inerte des journées entières.

Septembre. — Rires et colères. On l'hypnotise. Il se couche sur le parquet dans ses couvertures.

Octobre. — Impulsions. Il escalade la grille, puis phase de tristesse et d'immobilité. Idées de suicide. Négativisme.

Novembre. — Nouvelle tentative d'évasion. Il demande qu'on le tue. « Il se sent mourir. »

Janvier 1900. — Il demande du poison pour mourir. Malpropreté. Négativisme.

Février 1909. — Stupeur. Catatonie. Cet état alterne avec des phases de demi-stupeur et d'immobilité. Le malade a présenté fréquemment des troubles tropiques. Actuellement, il est dans la demi-stupeur. *Cet état dure depuis dix ans.*

SYNDROME PARANOÏDE

Les idées délirantes les plus fréquentes du syndrome paranoïde sont les idées de persécution et de grandeur. Parfois, et surtout au début, quelques idées mélancoliques, érotiques et mystiques s'ajoutent aux précédentes.

Il y a des malades qui présentent des idées de grandeur sans idées de persécution (variété mégalomaniaque) et des idées de persécution sans idées de grandeur.

Lorsque le syndrome paranoïde se montre à la suite d'un accès hébéphrénique, on voit le malade changer d'attitude brusquement.

Il se tient à l'écart, devient méfiant, sourit ironiquement, fait des gestes bizarres, adopte un langage spécial avec des néologismes symboliques ou garde un silence dédaigneux.

, D'autres s'affublent d'oripeaux, deviennent gais, exubérants, grossiers. Ils se croient empereur, Jésus-Christ, roi de l'univers, Jeanne d'Arc, la sainte Vierge, etc. ; ils savent tout, ils peuvent tout, etc.

Les idées délirantes atteignent des proportions fantastiques en l'espace de quelques jours ou de quelques semaines.

Elles se nourrissent d'interprétations fausses que les malades puisent dans le monde réel ou dans l'onirisme hallucinatoire.

L'hypnotisme, le radium, l'électricité, etc., leur fournissent, comme à tous les persécutés, de nombreux matériaux pour la construction délirante. Les interprétations délirantes peuvent dominer la scène au début de la démence précoce. Ce fait rend le diagnostic difficile avec les psychoses raisonnantes (Sérieux-Capgras). Les hallucinations cénesthésiques, psycho-motrices, auditives, olfactives, gustatives, les illusions du *déjà vu,* du *jamais vu* s'associent aux idées délirantes et font parfois un véritable chaos confusionnel. Comme dans toutes les formes de la démence précoce, *l'écho de la pensée, la fuite de la pensée* sont des phénomènes fréquents et tenaces.

Les troubles de la sensibilité générale précèdent ou suivent les idées de grandeur et de persécution. Ils se présentent sous plusieurs aspects : idées hypocondriaques, hallucinations cénesthésiques, idées érotiques, hallucinations génitales, idées de négation et de transformation corporelle.

Dans certains cas, ils forment un véritable *délire*

de persécution physique ou de possession corporelle.

Kraepelin a insisté sur l'importance de ce délire.

Parfois, il est associé aux idées mystiques qui justifient la persécution.

« C'est le diable ou le mauvais esprit qui s'est
emparé du corps. »

Voici un exemple de délire physique chez une
paranoïde :

Mme X..., âgée de vingt-huit ans. Un docteur lui
arrache les yeux, la scalpe tous les jours, la chloro-
formise, la galvanise, l'hypnotise. Il la force de parler ;
il lui arrache ses pensées. Il s'est installé dans son
corps et il communique avec elle par le téléphone. Une
roue électrique passe au travers de son corps, on lui
casse la colonne vertébrale ; on lui penche la tête en
avant. On lui allonge les dents, on lui arrache les cheveux, on lui raccourcit le nez ; on lui fait une face
carrée, on lui a descendu la tête de trente centimètres
et on la force de prendre un masque ; on lui tire les
membres ; elle est habitée par un chien, un chat, un
diable, etc.

Ce délire physique a été suivi d'un état de stupeur
catatonique.

Le délire physique de possession corporelle
ainsi que tous les troubles cénesthésiques sont des
phénomènes d'un intérêt capital dans l'œuvre de
destruction de la personnalité.

Les troubles de la sensibilité générale comme les
idées de grandeur et de persécution présentent
d'*emblée* le maximum de développement.

Le syndrome paranoïde arrive rapidement au

couronnement de son évolution ; en peu de temps il
brûle toutes les étapes que le délire chronique des
psychoses systématisées a mis des années à par-
courir.

Les *idées de grandeur sont contemporaines des
idées de persécution* et cette coexistence est une
particularité du syndrome paranoïde. *Ces idées
s'associent mais elles ne se combinent pas ;* elles ne
se prêtent pas toujours d'aide mutuelle ; le lien qui
les unit est lâche et souvent illogique.

Quant aux autres particularités, elles sont différentes suivant que l'évolution est aiguë ou chronique.

Dans le premier cas, le délire devient rapidement
incohérent; dans le second cas, il se stéréotype.

Nous avons longuement étudié les caractères de
ces délires ; ils sont de la plus haute importance car
ils dévoilent l'affaiblissement mental sous-jacent.

Au milieu du désarroi psychique, la stéréotypie
délirante garde une certaine activité. Cette activité
peut persister assez longtemps ; on peut l'observer
plus de dix ans après le début de la maladie. Mais
peu à peu les hallucinations s'atténuent, les idées
délirantes se ternissent et passent au second plan.
La démence envahit tous les éléments psychiques
et désagrège les idées paranoïdes.

Les *réactions* de ces malades sont les unes de
nature délirante et hallucinatoire, les autres de nature catatonique et démentielle.

Les idées délirantes déterminent des déplacements incessants, donnent lieu à des discussions avec les parents, les voisins, etc., à des attentats dangereux, au refus d'aliments par crainte d'empoisonnement, etc.

D'autres malades s'adressent aux autorités, à la publicité, etc.

Sous l'influence des idées de grandeur, ils écrivent des mémoires sur des sujets au-dessus de leur instruction. Un malade de Masselon adressa à l'Académie des sciences un travail sur « la Théorie de la Vérité, la science universelle intégrale de la nature et le système abstrait des mondes ».

D'autres se mêlent de politique, se présentent à la députation, etc. ; un de nos malades, valet de chambre, posa sa candidature dans un des arrondissements les plus aristocratiques de Paris.

La période délirante des paranoïdes est la période médico-légale.

Malgré la fréquence de cette affection, les attentats contre les ennemis sont relativement rares.

Les actes sont subits, non préparés, dépourvus de réflexion. Dans certains cas, cependant, les paranoïdes peuvent agir comme les persécutés-persécuteurs.

Les *phénomènes catatoniques* ne manquent jamais dans la démence paranoïde. Les stéréotypies se montrent dans les actes, la conduite, le langage, les dessins, les écrits. Les mégalomanes ont du maniérisme ; ils ont une façon spéciale de donner la main, de manger, de marcher, etc. Ils aiment les jeux de mots, les associations par assonances, ils font facilement des vers avec des néologismes et des tournures de phrases prétentieuses.

Le maniérisme, le négativisme, la suggestibilité se montrent à l'état atténué ; les *éclats de rire*, les *grimaces* sont très fréquents et d'une importance clinique extrême.

L'irritabilité, la colère, les impulsions accompagnent les idées délirantes ou sont indépendantes d'elles.

Bref, on rencontre dans la démence paranoïde tous les phénomènes de la petite catatonie.

Le syndrome paranoïde comme les syndromes hébéphrénique et catatonique ne sont que des corollaires. La condition première qui en constitue le substratum, c'est le déficit mental.

Avant d'affirmer l'existence d'une démence paranoïde, il importe d'établir systématiquement et successivement les constatations suivantes :

1° Affaiblissement mental primaire. Période prodromique analogue à celle de l'hébéphréno-catatonie.

2° Déchéance prédominante de l'être sentant.

3° Intensité de l'activité automatique. Manifestations motrices de nature catatonique.

4° Disproportion entre l'intensité du délire et celle de l'affectivité.

5° Caractères démentiels de l'activite délirante.

6° A l'autopsie, existence d'une inflammation chronique diffuse neuro-épithéliale.

C. — PÉRIODE RÉSIDUELLE

(ÉTATS TERMINAUX)

La période active présente une durée variable. Chez les uns, les troubles psycho-sensoriels sont de véritables bourrasques qui disparaissent en l'espace de quelques semaines ; chez d'autres, ils peuvent durer des années.

La période résiduelle marque la disparition ou l'atténuation des phénomènes aigus et l'arrêt du processus démentiel. Les caractères essentiels de l'affection se dégagent des manifestations bruyantes surajoutées et apparaissent dans toute leur pureté.

C'est à cette période qu'on peut évaluer les ravages psychiques déterminés par le processus morbide. Ces résidus ou « états terminaux » ont permis à Kraepelin de démontrer que la catatonie, l'hébéphrénie et la démence paranoïde ne sont que des formes ou des moments successifs de la démence précoce.

Malgré l'importance de cette synthèse, on a reproché à Kraepelin d'avoir fondé sa conception sur le mode de terminaison de l'affaiblissement mental.

En effet, la diversité de ces lésions rend impos-

sible le rapprochement et la comparaison des
« états terminaux ». La démence précoce n'a pas
de cran d'arrêt définitif, elle est susceptible de s'immobiliser à toutes les phases de sa marche descendante ; ainsi, elle peut s'éteindre après de minimes
atteintes comme celles que nous avons étudiées à la
période prodromique ou après la première explosion
délirante. En outre, chez certains malades, le déficit
mental atteint son plus haut degré dès le début
même, tandis que, chez d'autres, il reste longtemps
léger (formes frustes).

Souvent, l'évolution de la démence précoce est
circulaire ; l'affaiblissement mental s'installe par
poussées avec des intervalles irréguliers et « l'état
terminal » se trouve fréquemment modifié.

En résumé, dans la démence précoce, il n'y a pas
à proprement dire, de « période terminale », il n'y
a que des *résidus variables*.

Mais quel que soit le degré de l'affaiblissement
démentiel, l'analyse permet de déceler, dans tous
ces « résidus », les traces des caractères fondamentaux de la démence précoce.

Ces caractères sont d'autant plus évidents que
les résidus sont plus purs, c'est-à-dire dégagés des
manifestations aiguës.

Suivant la gravité et la profondeur des lésions,
nous divisons arbitrairement le déficit psychique
de la démence précoce en *léger*, *moyen* et *profond*.

DÉFICIT LÉGER

1° Résidus affectifs. — Ces résidus se traduisent par des troubles du caractère, des sentiments et des émotions.

Le manque d'intérêt, de curiosité, l'indifférence pour les joies et les peines de famille, la perte de l'amour-propre, du sentiment de dignité, de la notion du bien et du mal, témoignent d'une paralysie affective irrémédiable.

Le malade cesse d'évoluer et de se perfectionner, il perd l'équilibre avec les modifications ambiantes.

Si le dément précoce a encore la volonté de vivre, il n'a plus celle de s'accroître. Ce stigmate psychique est d'autant plus évident que le malade a été d'un niveau intellectuel élevé.

Mais à quelque classe que ces malades appartiennent, ils descendent tous d'un échelon sur l'échelle morale ; ils deviennent *des déclassés*. Les intellectuels et les ambitieux de la veille ne sont plus que des « ratés », des « paresseux », des « insouciants ». Ce sont les *talents naufragés* décrits par Evensen.

Certains de ces involués vont grossir le nombre des originaux, des mendiants, des vagabonds, des cyniques, des prostituées, des malfaiteurs, des criminels et dans le milieu nouveau où ils déchoient, ils portent tous le même stigmate de nonchalance, d'apathie, d'indifférencè qui peut aller jusqu'à l'aberration morale.

A ces phénomènes s'ajoutent l'irritabilité, les crises d'excitation passagère, la susceptibilité plus grande pour les boissons alcoolisées.

2° Résidus psycho-moteurs. — Les plus importants sont : la *diminution de la capacité de travail qui restreint la sphère d'activité intellectuelle ; l'absence de spontanéité, ces malades n'agissent plus que sous l'influence d'une volonté étrangère ; la prédominance de l'activité automatique.* Ce fait explique pourquoi le déficit psychique léger passe souvent inaperçu.

Grâce à l'activité automatique, ces malades continuent, dans un cercle plus étroit, le rythme de la vie.

Les trois quarts de l'activité humaine sont sous la dépendance de l'automatisme.

La plupart des hommes agissent comme les déments précoces ; les actes réfléchis, volontaires, sont rares. Ces malades se perdent dans la grande masse des individus « falots » qui traversent le monde les yeux mi-ouverts, sans étonnement, sans curiosité, dépourvus de conviction et répétant, chaque jour, une tâche uniforme et monotone.

L'appréciation de ces résidus psychiques est particulièrement difficile car le malade n'est *amoindri que par rapport à lui-même* et, pour le constater, il faut le comparer à ce qu'il était la veille de sa maladie.

La perte de ces éléments psychiques n'atteint que le moi social. Le malade *devient autre mais pas un autre*.

DÉFICIT MOYEN

La déchéance affective et idéo-motrice est plus accusée et détermine des modifications plus graves.

Les malades n'ont plus de valeur sociale. Ils sont incapables de reprendre la vie de famille et de gagner leur pain.

Ces déments précoces restent à l'asile où ils rendent de nombreux services si on les occupe à de menues besognes en rapport avec leur capacité mentale. Les uns sont silencieux, restent à l'écart et travaillent sans relâche et sans fatigue, d'autres sont bavards et irritables.

On remarque fréquemment des reliquats de catalepsie, de négativisme, des grimaces, des explosions de rire, des stéréotypies, du maniérisme, une politesse exagérée, une manière spéciale d'offrir la main, de manger, de travailler.

La *persistance des réactions* est très prononcée chez certains malades. Elle donne un « cachet spécial » à l'activité automatique et permet de différencier les déments précoces des débiles. Ceux-ci sont « brouillons » dans leur activité ; ils commencent tout avec facilité et ne finissent rien complète-

ment ; les autres se mettent en train avec difficulté
mais ils n'interrompent qu'avec peine l'acte commencé.

L'*activité intellectuelle* des déments précoces ne
s'exerce plus que dans un cercle restreint. Ils n'ont
plus une conscience exacte de ce qui se passe
autour d'eux ; leurs jugements sont puérils ; ils ne
voient plus le point essentiel des choses, ne savent
pas tirer une conclusion ni présenter d'objections.

Les *troubles psycho-sensoriels* laissent de nombreux *résidus*.

*Les idées hypocondriaques, les idées de gran-
deur*, etc., persistent pendant longtemps, sous une
forme stéréotypée, vague, imprécise, et dépourvue de tonalité émotionnelle. Ce sont des « corps
étrangers » mais qui ne gênent plus.

Les *hallucinations* ne disparaissent pas toujours.
Plusieurs entendent des voix après vingt et trente
ans. Parfois, le foyer se rallume périodiquement.
L'état somatique est excellent, ces malades ont un
appétit féroce ; ils mangent avec voràcité.

DÉFICIT PROFOND

Pour Kraepelin, la démence profonde survient
dans 75 p. 100 des cas dans l'hébéphrénie, dans
59 p. 100 des cas de catatonie. Quant à la démence
paranoïde, l'affaiblissement mental y est toujours
très marqué.

Le dément précoce arrive au stade terminal soit *d'emblée*, après une atteinte grave, soit *progressivement*, soit par des *poussées successives* d'excitation et de dépression.

En dehors des formes aiguës, Kraepelin, Sérieux, Masselon, estiment que la durée de l'hébéphréno-catatonie oscille entre deux et cinq ans et celle de la démence paranoïde entre cinq et dix ans.

Sérieux décrit deux formes graves d'affaiblissement mental : la *démence apathique* et la *démence agitée*.

Dans cette dernière variété dominent les soliloques, l'incohérence, les néologismes, un besoin d'activité qui se manifeste par de nombreuses stéréotypies. Les uns sont collectionneurs; les autres jouent à la poupée, déchirent leurs vêtements ou passent leur temps à griffonner, etc. Ils sont malpropres, mangent de la façon la plus répugnante. Ils se livrent à l'onanisme, ils ont perdu le sentiment de la pudeur, etc. Les impulsions et les accès de colère ne sont pas rares. Les accès de rire sont parfois très fréquents, ils se manifestent la nuit et sont souvent cause d'insomnie.

Les *déments apathiques* recherchent la solitude et gardent le mutisme et l'immobilité. « Alors même qu'ils ne sont ni délirants, ni désorientés, ni amnésiques, ils ne s'intéressent à rien de ce qui les entoure, ni à leurs compagnons d'infortune, ni à leurs parents, dont ils apprennent la mort avec une

indifférence complète : le monde extérieur a pour
eux cessé d'exister. Bien que leur propre sort ne les
préoccupe pas, ils ne demandent jamais leur sor-
tie ; ils ne connaissent point l'ennui, ayant perdu
tout besoin d'activité psychique et même physique,
etc. » (Sérieux).

Très souvent, la démence apathique est apparemment plus profonde qu'elle ne l'est en réalité. Ainsi
que Meeus et Masselon, nous avons montré qu'à la
*mort anatomique de la vie mentale se superpose
un véritable état de narcolepsie psychique.*

L'anencéphalie est rare chez les déments précoces.
Il suffit parfois d'un simple accès de fièvre pour
qu'une foule d'images s'éclairent d'une réviviscence
spéciale.

Pour apprécier le déficit psychique dans la démence profonde, il faut étudier le *degré de régression affective et l'intensité de l'amnésie.*

L'oubli total du passé, de son identité, l'oubli des
sentiments, de soi-même, c'est la plus grave lésion
de la dissolution mentale.

D. — ÉVOLUTION

PRONOSTIC. RÉMISSIONS. DURÉE. MORT

La démence précoce n'est pas une affection mortelle ; elle compromet rarement la vie organique. Les
malades atteignent un âge très avancé après avoir
vécu pendant de longues années une vie végétative.

Le pronostic *quoad vitam* est presque toujours bénin.

L'étude de la période résiduelle nous a permis de constater qu'il n'en est pas de même du processus mental. Les atteintes les plus légères laissent des vestiges démentiels.

Dans plusieurs travaux, nous avons montré qu'il n'y a pas de guérison dans la démence précoce, au sens scientifique du mot. La trop grande rareté de cas signalés comme guéris ne permet pas de les prendre en considération.

Toutes les prétendues guérisons s'accompagnent d'affaiblissement mental et sont très souvent suivies de rechutes.

Chaque processus morbide a une double tendance : *l'extension et la cicatrisation*. La démence précoce, comme toutes les affections organiques, est susceptible de se réparer.

Les arrêts de la maladie, après une atteinte légère, laissent naturellement des reliquats moins évidents.

N'en est-il pas ainsi de la tuberculose pulmonaire, dont les premières lésions laissent des séquelles qui échappent à l'examen du clinicien le plus expérimenté. « Il ne faut pas être plus exigeant pour la démence précoce, dit Bleuler, qu'on ne l'est pour les autres affections. »

Rémissions. — Mais s'il n'y a pas de guérison

dans la démence précoce, les rémissions sont très fréquentes.

Ces rémissions sont de plusieurs sortes :

Un premier groupe est constitué par la disparition des troubles épisodiques, mais avec persistance de tous les phénomènes démentiels : ce sont les *fausses rémissions*, de véritables accalmies très fréquemment notées.

Un deuxième groupe est représenté par l'arrêt, l'atténuation et la disparition des phénomènes démentiels secondaires (troubles des actes, psycho-mimiques, etc.) et la persistance des phénomènes essentiels (paralysie affective, etc.).

« C'est surtout dans la sphère affective, dit Kraepelin, qu'il faut chercher les traces de la démence précoce. »

La *durée* des rémissions est très variable. Elles sont quelquefois d'une longueur illimitée. Sérieux a signalé un cas qui a duré dix-huit ans. Chez un de nos malades (observation publiée), nous avons constaté un intervalle de quatorze ans entre le premier accès et le second, et un intervalle de onze ans entre le second et le troisième. Ce dernier fut suivi de démence profonde irrémédiable.

En général, les rechutes se montrent dans les deux à six mois qui suivent le début de la rémission.

Il est des cas où la longueur illimitée des rémissions et l'affaiblissement mental léger équivalent à une guérison.

Les vraies rémissions se produisent surtout à la période prodromique ou au début de la période active et chez les malades dont le processus toxique est peu intense (déficit léger).

Les rémissions incomplètes, illusoires, sont possibles chez tous les malades.

On a signalé que les formes hébéphréno-catatoniques à début brusque ont plus de chance de s'améliorer que les états paranoïdes à évolution lente. Ceci n'est pas toujours vrai; les formes à début brusque sont souvent déterminées par un processus morbide plus toxique que celui des formes paranoïdes.

Les rémissions peuvent survenir spontanément, ou elles sont provoquées par des maladies, incidentes (fièvre typhoïde, grippe, érysipèle, suppurations, etc.). Marinesco a publié l'observation d'un dément précoce amélioré par une pleurésie purulente. Selon lui, il doit se former des anti-corps qui déchargent la cellule cérébrale des éléments toxiques.

La fréquence et la longueur des rémissions peuvent s'expliquer par l'intégrité de l'économie qui facilite l'élimination des toxines et par l'absence de lésions vasculaires; l'intégrité de la circulation cérébrale permet aux neurones de garder un certain nombre de réactions de défense.

Durée. Mort. — Dans la majorité des cas, la

durée totale de la démence précoce est extrêmement longue et embrasse toute la vie des malades.

La longue survie est une des raisons pour lesquelles la démence précoce est restée longtemps
méconnue, en tant qu'entité morbide. Tous les asiles
de chroniques, les colonies en particulier, possè-
dent un nombre considérable de ces incurables
dont la santé physique est florissante.

Mais la durée de la démence précoce est fonction
de l'évolution du processus morbide. En dehors de
cette marche lente, subaiguë et chronique, l'évolution de la démence précoce peut revêtir d'autres
aspects. Nous avons noté l'évolution rapide (démence profonde d'emblée), galopante et circulaire.

Dans la forme galopante, ataxo-adynamique, tout
l'organisme est atteint (insuffisance hépato-rénale)
et l'issue est presque toujours fatale. Cette forme
est d'ailleurs rare.

La mort, dans la démence précoce, est déterminée par de nombreuses causes. Ces malades suc-
combent presque toujours à une affection intercur-
rente, à une complication grave; ils meurent
rarement par leur cerveau, comme les paralytiques
généraux.

Les ictus sont parfois mortels. Kahlbaum, Kraepelin, Tezener, Dreyfus en ont publié quelques
cas.

La mort peut survenir à la suite d'accidents (brû-
lures, etc.) ou d'une impulsion suicide.

Les auto-mutilations sont fréquentes et déterminent parfois des blessures graves, mortelles.

Le refus d'aliments et les troubles digestifs qui l'accompagnent provoquent chez certains malades une véritable cachexie par inanition.

Beaucoup plus redoutable est la tuberculose pulmonaire. *Les troubles de la respiration de la stupeur catatonique gênent l'hématose et favorisent la localisation du bacille de Koch.* La tuberculose se rencontre dans la moitié des cas.

La méningite tuberculeuse peut se surajouter aux lésions démentielles.

La congestion pulmonaire est moins fréquente dans la démence précoce que dans les autres psychoses.

Le goître exophtalmique qui s'associe souvent à la démence précoce, détermine la mort par insuffisance cardiaque.

E. — ANATOMIE PATHOLOGIQUE

Les premiers travaux anatomo-pathologiques ont été faits par Kiernan, Haeker, Kahlbaum, Kraepelin, Nissl, Alzheimer et Dunton.

Ces travaux ont porté surtout sur des cas aigus. Alzheimer et Dunton ont mis en évidence l'atrophie prédominante des lobes frontaux, les altérations graves des cellules de la couche profonde de l'écorce, la tuméfaction notable des noyaux, la chromolyse centrale, la pigmentation jaune pâle, l'augmentation des noyaux névrogliques. Nissl a signalé la « destruction du noyau » dans les cas chroniques.

Mais l'étude anatomo-pathologique de la démence précoce ne se précise qu'avec les travaux de Klippel et de Lhermitte.

A l'aide des meilleures méthodes actuelles, ces auteurs ont étudié l'état des vaisseaux, des méninges, les lésions de la névroglie, des neurones et particulièrement les modifications volumétriques des cellules centrales dans les diverses parties de l'écorce du cerveau.

De plus, ils ont mesuré à l'aide du dessin à la chambre claire de Malassez, une centaine de cellules dans chacune des zones motrices ou d'association, ce qui leur a permis d'évaluer aussi exactement que possible le nombre des cellules atrophiées par rapport au nombre des éléments normaux.

Ces recherches ont conduit les auteurs aux conclusions suivantes : 1° les lésions se localisent dans l'encéphale, dans le cervelet, dans la moelle, sur les neurones et la névroglie (tissu neuro-épithélial); 2° il n'y a ni diapédèse ni lésions des parois endothéliales des vaisseaux, ni des cellules conjonctives (tissu vasculo-conjonctif).

Grâce à ces travaux, la démence précoce sort du cadre des vésanies *sine materia* et prend place parmi *les démences organiques à critérium anatomo-pathologique*. Les lésions essentielles, immédiates, responsables du processus démentiel, sont les lésions du tissu neuro-épithélial.

Au point de vue anatomique, on peut considérer la démence précoce comme une cérébropathie toxique parenchymateuse.

Klippel et Lhermitte ont démontré qu'on trouve à l'autopsie d'un dément précoce, en dehors des altérations démentielles, d'autres lésions qu'ils divisent en trois catégories : 1° *lésions préalables*, non constantes, souvent d'origine congénitale ou appartenant à une affection associée à la démence précoce ; 2° *lésions consécutives*, conséquences du processus démentiel ; 3° *lésions terminales*, traduisant la réaction de l'organisme à la maladie qui a déterminé la mort.

Lésions essentielles de l'encéphale. — Les lésions limitées au tissu neuro-épithélial ont été constatées par un grand nombre d'auteurs : Dunton, Nissl, Alzheimer, Matchtschenko, G. Ballet, Leroy et Laignel-Lavastine, Legrain et Vigouroux, de Buck et Deroubaix, Anglade et Jacquin, Zalplachta, Obreja et Antoniu, Eisath, etc.

Neurones. — Les *lésions des neurones* sont localisées principalement, mais non exclusivement dans les zones d'association. Elles portent sur les grandes cellules pyramidales, les cellules polymorphes, les cellules fusiformes de la sixième couche de Hammarberg.

Ces altérations sont caractérisées par la désagrégation granulo-pigmentaire de l'élément cellulaire.

« Le protoplasma raréfié autour du noyau envoie
« des prolongements grêles, mal colorés, ses corps
« chromatophiles sont peu distincts ou poussiéreux,
« la cellule envahie progressivement par le pigment
« jaune s'atrophie de plus en plus, en même temps
« que se produisent des modifications du côté des
« noyaux et du nucléole.

« Pendant longtemps, le noyau reste bien conservé, puis il devient irrégulier, oblong, ovalaire,
« sa membrane se plisse, le nucléole devient excentrique, accolé à sa face profonde.

« Plus tard, le noyau perd de sa netteté et n'est
« plus nettement décelable. On peut rapprocher cet
« état de déchéance progressive de la cellule nerveuse de l'involution dite sénile. Là aussi, la
« cellule s'atrophie progressivement après s'être
« chargée de pigments.

« Il y a toutefois, entre ces deux formes d'involution, des différences histologiques. C'est d'abord, dans l'insénescence, la localisation du
« pigment à une partie bien distincte du protoplasma au lieu de la diffusion de la pigmentation
« sur laquelle nous avons insisté. C'est ensuite la
« plus grande abondance dans la démence vésanique des éléments névrogliques péri-cellulaires

« et péri-vasculaires qu'on trouve multipliés ainsi
« dans certaines zones » (Klippel et Lhermitte).

La présence de pigment est un caractère essentiel
de la démence précoce.

Klippel et Lhermitte distinguent deux sortes de
pigments : l'un à granulations fines dispersées
dans tout le protoplasma et qui prend une teinte
brunâtre par l'action de l'acide osmique; l'autre, à
granulations plus grosses, se colorant intensément
en noir après l'action de l'osmium.

Zalplachta a insisté sur la présence du pigment
dans les vaisseaux et dans les gaines lymphatiques.
Les cellules endothéliales s'imprègnent de granulations de telle façon que leurs ramifications se prolongent jusque dans la lumière du vaisseau. Cette
disposition rappelle l'aspect de la cellule de Kupfer
du foie.

Névroglie. — Il faut distinguer deux sortes de
lésions névrogliques : l'*atrophie* et la *prolifération.*

Cette dernière est la plus fréquente; elle a été
mise en évidence par Eisath, Anglade, Jacquin,
Gonzalès, Zalplachta. La prolifération névroglique
constitue des foyers sous-corticaux de gliose inters-
titielle formée par des fibres névrogliques de gros
calibre analogue à celle des gliomes et de la sclérose
en plaques (Anglade, Jacquin).

, *La prolifération névroglique est plus évidente là
où la neuronophagie est plus prononcée, c'est-à-dire
dans la couche profonde des cellules polymorphes*

(Alzheimer, Nissl, Cramer, Dunton, de Buck, Deroubaix).

La topographie des lésions neuro-épithéliales dans la couche profonde doit être considérée comme un fait acquis et de la plus haute importance.

Pour de Buck, il y aurait dans l'écorce cérébrale plusieurs couches de cellules, dont la dernière est chargée de la coordination des images sensorielles, de leurs tons affectifs et de leur activité motrice. Chacune de ses couches aurait ses syndromes, selon qu'elle se trouve en hyper, hypo, ou parafonction. Le syndrome catatonique appartiendrait à la dernière couche, celle d'aperception active.

Vaisseaux et méninges. — Klippel et Lhermitte admettent que les méninges et les vaisseaux ne présentent aucune trace d'inflammation aiguë ou chronique. Obregia et Antoniu, Doutrebente et Marchand, Riche, Barbé, Wikercheimer ont signalé des lésions vasculaires et des lésions de méningite chronique.

Lésions du cervelet. — Klippel et Lhermitte ont décrit l'*hémiatrophie cérébelleuse pure* et l'*atrophie globale*. Dans les deux cas, il y a atrophie des neurones et absence de lésions méningées et vasculaires.

Ces auteurs considèrent l'hémiatrophie comme une lésion préalable et l'atrophie générale comme

une altération consécutive (arrêts de développement, etc.).

Dufour a décrit une *forme cérébelleuse* de la
démence précoce.

Lésions de la moelle. — Klippel et Lhermitte, Gonzalès, de Buck et Deroubaix, Fernandez, Dide,
Anglade, etc., ont attiré l'attention sur les lésions
des cordons postéro-latéraux de la moelle sans
symptômes tabétiques. Dans la moelle comme dans
l'encéphale, le processus morbide a, par son mode
d'action, une affinité élective pour le tissu neuro-
épithélial et respecte le tissu vasculo-conjonctif.

Ces lésions se localisent parfois dans les cordons
de Gall et offrent une certaine analogie avec celle
du tabès ; le plus souvent, les altérations des cordons postérieurs se combinent avec celles des cordons latéraux.

Les lésions des voies pyramidales sont très rares.

Leborgne a signalé l'atrophie de la colonne de
Clarke. Deny et Barbé ont publié un cas de syringomyélie associée à la démence précoce.

Lésions préalables. — Les unes sont d'origine
congénitale (anomalie d'évolution), les autres d'origine acquise, toxi-infectieuse.

Parmi ces dernières, la tuberculose, la syphilis,
l'alcoolisme, la fièvre typhoïde occupent le premier
plan.

Ces affections débilitent la résistance du terrain et deviennent souvent des foyers d'appel pour le processus morbide de la démence précoce.

Les lésions préalables évoluent souvent côte à côte avec la démence précoce (*lésions parallèles*) et rendent plus complexe la symptomatologie clinique.

Lésions consécutives. — Lorsque la démence précoce s'installe sur un organisme qui n'est pas encore arrivé à son complet développement, le processus toxique détermine des *arrêts partiels ou généraux de la croissance* (infantilisme des organes génitaux, etc.). Un grand nombre de stigmates de dégénérescence reconnaissent cette origine.

Lésions terminales. — Ces lésions relèvent d'une cause surajoutée. Elles sont essentiellement variables : tuberculose pulmonaire, viscérale, ganglionnaire, méningée, osseuse, etc., etc. ; dégénérescence amyloïde, pneumonie, urémie, néphrites, etc.

L'ensemble de ces altérations para-démentielles nous explique pourquoi l'anatomie pathologique de cette affection n'est pas uniforme. *Les lésions les plus diverses, vasculaires, méningées, peuvent se mélanger aux lésions essentielles et donner naissance à des formes complexes.*

F. — ÉTIOLOGIE-PATHOGÉNIE

L'étiologie de la démence précoce s'enrichit tous les jours de faits nouveaux. Nous signalerons seulement ceux sur la réalité desquels il y a le moins de doute.

Fréquence. — La fréquence de la démence précoce est plus grande que celle de la paralysie générale. On les observe dans tous les pays. Toutes les classes de la société et toutes les races y sont sujettes. Kraepelin l'a observée chez de jeunes habitants de Java.

La fréquence globale de la démence précoce, par rapport à la totalité des affections mentales, varie avec les statistiques.

D'après Kraepelin, cette affection fournit 14 à 15 p. 100 du total des admissions; Christian donne la proportion de 5 p. 100; Sérieux et Masselon trouvent 14 p. 100 des admissions pour les femmes et 12 p. 100 pour les hommes.

Nos statistiques personnelles nous ont fourni les chiffres suivants : à l'asile de Ville-Evrard, 30 p. 100; à la colonie de Fitz-James et de Villers (où il y a surtout des chroniques), 45 p. 100. Dans notre statistique nous avons éliminé les douteux et les délires systématisés.

Causes prédisposantes. — *Age. Puberté. Adoles-*

cence. — L'influence de l'âge est considérable dans la démence précoce. Cette affection est spéciale surtout à la jeunesse. A quelle époque est-elle le plus fréquente? Si l'on interroge les faits, on constate qu'elle apparaît le plus souvent entre douze et quinze ans et entre vingt et un et vingt-neuf ans. D'après ces données, Haeker, Ziehen, Kraepelin, Marro, etc., ont cherché à établir une relation étroite entre la démence précoce et la puberté. Gilbert Ballet la rattache à l'adolescence.

Mais il y a des cas de démence précoce qui surviennent avant la puberté et d'autres après l'adolescence.

Il est difficile d'admettre un rapport de cause à effet entre cette affection et une époque déterminée de la vie. Le début réel de la démence précoce est rarement diagnostiqué ; la plupart des troubles prodromiques passent inaperçus ou sont mis sur le compte d'une autre maladie. D'autre part, nous ignorons les limites précises des phases critiques de la croissance. La puberté n'éclate pas en un jour. L'organisation de la sexualité s'établit lentement. Marro distingue trois périodes dans le développement pubère : *préparatoire, d'accroissement accéléré,* de *perfectionnement.*

La phase critique correspond, d'après cet auteur, à la période d'accroissement accéléré qui se montre entre douze et quinze ans.

Mais nous savons que la puberté et ses acmés

varient avec chaque individu (climat, race, sexe, etc.). La phase préparatoire se confond avec l'enfance, la phase de perfectionnement avec l'adolescence et celle-ci avec la jeunesse. Le développement de l'être humain ne présente pas, dans son unité, de périodes absolument différentes l'une de l'autre.

La démence précoce ne peut être rattachée d'une façon déterminée à aucune de ces phases. Son apparition avant l'organisation sexuelle doit faire faire des réserves sur l'hypothèse de sa nature génitale.

En l'état actuel de nos connaissances, *nous pouvons tout au plus admettre que la démence précoce coexiste fréquemment avec les phénomènes biologiques de la croissance.*

Sexe. — L'influence du sexe n'a aucune valeur étiologique. Dans les milieux intellectuels où le surmenage est plus fréquent, le sexe masculin paraît plus prédisposé que le sexe féminin.

Hérédité. Etat mental antérieur. Stigmates de dégénérescence. — L'hérédité est une condition étiologique qui domine toute la pathologie mentale et nerveuse. Il est naturel qu'on la rencontre à l'origine de la démence précoce comme à celle de toutes les psychoses. Ziehen a trouvé l'hérédité dans 80 cas sur 100 ; Kraepelin dans 70 cas sur 100; Mucha dans 75 cas sur 100; Christian dans 43 cas sur 100, etc.

Au point de vue de l'état mental antérieur, Krae-pelin a noté un niveau normal dans 60 p. 100 des cas, un niveau faible dans 30 p. 100, un développement psychique incomplet dans 7 p. 100.

Achaffenbourg donne la proportion suivante : sur 200 déments précoces, 27 hommes et 21 femmes avaient une intelligence moyenne; 55 hommes et 66 femmes étaient au-dessus de la moyenne, certains même doués d'une intelligence remarquable; 18 hommes et 13 femmes, sans être des imbéciles ou des idiots, avaient eu un développement psychique inférieur.

L. Bianchini admet que la démence précoce frappe dans 60 cas p. 100 une intelligence moyenne; 24 p. 100 une intelligence pauvre; dans 6 p. 100 une intelligence supérieure, enfin dans 9,6 p. 100 une intelligence atteinte dont 8 p. 100 de phéno-mènes avérés.

D'après nos recherches personnelles nous croyons que les chiffres concernant l'hérédité sont au-des-sous de la réalité; les renseignements fournis par la famille sont toujours incomplets.

Mais si les tares héréditaires sont difficiles à apprécier, il est possible de constater qu'un grand nombre de déments précoces ont fait montre d'une intelligence au-dessus de la moyenne.

Ferrus, Morel et Moreau de Tours distinguaient, à juste titre, deux groupes de déments précoces :

a) Ceux qui, après une phase brillante intel-

lectuelle (enfants prodiges, palmarès des concours, etc.), passent directement à la démence.

b) Ceux dont l'hérédité est très chargée et présentent de nombreuses tares organiques et psychiques.

Les états morbides des générateurs intervien-
nent toujours dans l'étiologie de la démence précoce. L'hérédité similaire (démence précoce familiale), névropathique, hétérogène (alcoolisme, tuberculose, syphilis, intoxications et infections au
moment de la grossesse), misère physique et
morale, etc., créent cette disposition latente sans
laquelle le processus morbide ne peut se développer.

Les stigmates physiques de dégénérescence ont
été signalés par la plupart des auteurs. Zenon a
insisté sur la fréquence des stigmates pithécoïdes.
Lugiato a cherché à préciser la formule morpholo-
gique de ces malades. Il a trouvé que les signes de
dégénérescence les plus fréquents sont : le nanisme
cardiaque, l'infantilisme artériel et veineux, le
développement exagéré du tronc et de l'abdomen
avec prédisposition aux affections viscérales. Au
point de vue mental, ce sont des torpides vicieux,
érotiques, etc.

Ces anomalies anorganiques n'ont aucune valeur
étiologique ; on les rencontre avec la même fréquence dans toutes les psychoses et même chez les
individus normaux. Les stigmates psychiques ont
plus d'importance, ils témoignent d'une perturba-

tion profonde des facultés mentales qui diminue la résistance cérébrale. C'est ainsi que la démence précoce se greffe parfois sur un terrain dégénéré, soit épileptique, soit hystérique, soit atteint de débilité mentale, d'imbécillité, etc.

Causes occasionnelles. — « Les malades qui n'ont pas de succession à recueillir héritent d'eux-mêmes », disait Lasègue. Les causes occasionnelles sont très nombreuses, elles englobent la pathologie générale. Parmi les plus importantes nous citons : le surmenage, les émotions vives, l'onanisme, le changement brusque de vie (le passage de la vie de famille à la vie de caserne), l'emprisonnement, le traumatisme, les toxi-infections (fièvre typhoïde, scarlatine, érysipèle, alcoolisme, tuberculose, puerpéralité, etc.).

Prédisposition. — Les facteurs étiologiques que nous venons de signaler permettent d'admettre la nécessité d'une prédisposition indispensable au développement de la démence précoce.

Personne ne met aujourd'hui en doute que le terrain joue un rôle important dans l'éclosion des maladies mentales. Une sorte de consentement ou « d'aptitude morbide spéciale » (Joffroy) est indispensable pour qu'une affection mentale ou physique s'installe et évolue.

Les tares héréditaires créent une prédisposition

constitutionnelle et les causes occasionnelles, une prédisposition acquise.

Pathogénie. — Les relations de la démence précoce avec la dégénérescence mentale soulèvent le problème pathogénique si souvent discuté : *cette affection est-elle une psychose constitutionnelle ou une psychose acquise ?*

Pour admettre qu'une affection est d'origine dégénérative, il faut préciser la nature intime de la dégénérescence. En l'état actuel de la science, nous ne pouvons plus nous contenter de considérer la dégénérescence à la manière de Morel comme une simple déviation du type humain sorti parfait des mains du Créateur. Le problème des anomalies constitutionnelles ne peut être scientifiquement posé que sur le terrain de la biologie. Nos connaissances biologiques sont suffisantes pour considérer la dégénérescence physique et mentale comme un trouble de la nutrition générale.

Lundborg, dans un travail très intéressant, a tenté une explication pathogénique de la dégénérescence. Il a rappelé le rôle important exercé par les glandes endocrines dans la régulation du trophisme général et il a montré que les altérations de ces glandes peuvent jouer un rôle essentiel dans la dégénérescence.

Au Congrès de Dijon, Parhon a repris cette étude et insisté sur les relations fréquentes qui existent entre les troubles glandulaires et les diverses manifestations de la dégénérescence : infantilisme, myxœdème, maladie de Basedow, gigantisme, etc.

C'est seulement à la lumière de ces nouvelles idées qu'on peut discuter les rapports de la démence précoce avec la dégénérescence mentale.

Dans la dégénérescence germinale et acquise, les causes morbides agissent sur l'appareil régulateur de la nutrition et le mettent en état d'infériorité fonctionnelle. Les glandes endocrines n'exercent plus leur influence antitoxique et toxolytique. Les déchets pathologiques s'accumulent et lèsent l'ensemble de l'organisme, ou d'une façon nettement prédominante tel ou tel organe, tantôt le système nerveux, tantôt le foie, etc.

Il se produit ainsi des *arrêts d'évolution,* des *anomalies de structure partielles ou généralisées.*

Les altérations glandulaires retentissent sur tous les phénomènes de la croissance et jouent un rôle important dans l'évolution psycho-organique.

La dégénérescence apparaît comme une *anomalie d'évolution,* comme un trouble trophique en rapport avec les altérations de l'appareil régulateur de la nutrition (foie, rate, pancréas, glandes thyroïdes, parathyroïdes, génitales, surrénales, etc.).

L'étude de la symptomatologie et de la marche de la démence précoce nous a montré que cette affection n'est pas un arrêt de l'évolution, une anomalie de structure, mais *une déchéance, une invo-*

lution des facultés mentales. Le processus morbide touche souvent l'organisme lorsque le perfectionnement de sa structure et des fonctions a été achevé.

La clinique, l'anatomie pathologique, la chimie biologique, etc., nous ont fourni une notion utile à la solution du problème pathogénique : *celle de l'intervention d'un processus toxique, électif à action lente et prolongée.*

Les toxines des déments précoces ont des propriétés neurolytiques analogues à celles des autres processus démentiels.

Quelle est l'origine de ces toxines ? Sont-elles dues à une intoxication exogène ou endogène ?

De nombreuses hypothèses ont été émises à ce sujet.

Rapports de la démence précoce avec la tuberculose. — La fréquence de la tuberculose dans la démence précoce a fait admettre un lien entre ces deux affections. D'après Klippel, la toxine tuberculeuse à doses légères lèse le tissu neuro-épithélial et détermine la démence précoce; à doses plus fortes, elle agit sur les éléments vasculo-conjonctifs et crée la paralysie générale.

S'il y a des cas où la toxine tuberculeuse intervient dans la genèse de la démence précoce, il y en a d'autres où son rôle peut être contesté. Il suffit de se rappeler que tous les déments précoces ne sont pas tuberculeux et que tous les tuberculeux ne deviennent pas déments précoces.

Rapports de la démence précoce avec les glandes à sécrétion interne. — Nous avons noté que certains auteurs (Ziehen, Kraepelin) attribuent aux glandes sexuelles une influence très grande dans la pathogénie de la démence précoce. La fréquence de cette affection à la puberté et pendant la puerpéralité, les troubles menstruels, les rechutes à la ménopause militent en faveur de cette hypothèse.

D'autres aliénistes (Angellis, Dide, etc.) croient à une auto-intoxication générale d'origine diverse : gastro-intestinale, hépatique, rénale, thyroïdienne, etc.

Meeus insiste sur l'importance des glandes à sécrétion interne, les *glandes thyroïdes* en particulier. L'association fréquente de la démence précoce avec la maladie de Basedow, la tuméfaction ou l'atrophie de la glande thyroïde viennent à l'appui de cette hypothèse.

Lundborg incrimine les *glandes parathyroïdes* dans la genèse des troubles catatoniques.

Pour soutenir cette hypothèse, il s'appuie sur les expériences de Blum et de Berger.

Blum a observé que les chiens qui ont subi l'ablation totale de l'appareil thyro-parathyroïdien présentent des phénomènes moteurs qui rappellent ceux de la catatonie. C'est ainsi qu'un chien reste,

plusieurs minutes, la tête penchée, le regard immobile, l'air stupide ; un autre courbe sa colonne vertébrale, jusqu'à ce qu'il touche la terre avec sa tête ;
un autre marche d'une façon rythmique comme
les chevaux éduqués à marcher d'après la musique, etc.

Pinees a observé des phénomènes analogues chez
les singes.

Berger a injecté intracérébralement chez les
chiens du sérum provenant de différentes psychoses et a trouvé que celui de la démence précoce
est le seul qui ait une action spécifique. Il détermine des phénomènes myocloniques, phénomènes
que Lundborg considère comme ayant une origine
parathyroïdienne.

Parhon et Ureche ont repris les expériences de
Blum et constaté que les animaux à qui on a fait
l'ablation de l'appareil thyro-parathyroïdien présentent fréquemment des phénomènes moteurs qui
rappellent ceux de la catatonie.

Peut-on tirer de ces constatations des indications
précises sur la pathogénie de la démence précoce ?

Les expériences ne sont pas assez nombreuses
et ne montrent pas la portée respective de la glande
thyroïde et celle des parathyroïdes. D'autre part
l'anatomie pathologique des glandes à sécrétion
interne dans la démence précoce est encore à son
début. On n'a pas fait assez de recherches dans
ce sens. Muratoff a constaté des lésions des glandes

thyroïdes, Bénignini et Zilocchi ont vu des lésions dans les glandes surrénales, et Laignel-Lavastine a signalé l'absence de cellules interstitielles dans les testicules.

Ces lésions sont-elles la cause ou l'effet du processus morbide?

Parmi les glandes à sécrétion interne, la glande thyroïde est une des plus sensibles aux processus pathologiques. Schmiergeld a insisté sur la fréquence de ses altérations dans toutes les psychoses et particulièrement dans la paralysie générale.

L'organothérapie a donné des résultats variables:

Kraepelin, Sérieux, Masselon, Parhon ont essayé la thyroïdine sans succès.

Ce dernier auteur a expérimenté la parathyroïdine de Vassale et n'a obtenu aucune amélioration.

Par contre, Pighini, Van L. Balcock ont eu des résultats positifs avec des injections de parathyroïdine ; Pighini admet que les contractures catatoniques, la tachycardie, les troubles des échanges organiques sont sous la dépendance d'une altération parathyroïdienne.

Berkley et Follis ont reconnu que la thyrolécitine agit au début. Ces auteurs ont tenté la thyroïdectomie partielle dans huit cas de catatonie et ils ont constaté une amélioration rapide.

Nous avons employé la méthode opothérapique sur plusieurs malades à la période toxique et nous avons cherché à préciser ses effets, d'une part sur les phénomènes démentiels, d'autre part sur les accidents secondaires.

La thyroïdine a déterminé une excitation physique et psychique. Les états de dépression et de stupeur ont été favorablement influencés. Si l'on prolonge le traitement, on peut provoquer des crises d'excitation.

L'ovarine agit sur les fonctions menstruelles, la céphalée et l'asthénie. Si l'on dépasse la dose d'un gramme, on détermine chez certains malades de l'insomnie, de la sialorrhée, de l'hyperhidrose et de l'agitation.

L'hypophisine agit surtout sur la nutrition générale et les états dépressifs.

Dans aucun cas nous n'avons constaté l'amélioration des phénomènes démentiels.

Il résulte de ces faits cliniques, expérimentaux et thérapeutiques qu'il n'existe aucun élément précis permettant de conclure à la nature thyro-parathyroïdienne de la démence précoce. En outre, nous savons qu'une corrélation intime existe entre les différentes glandes à sécrétion interne ; si l'une d'elle est lésée, les autres s'en ressentent aussitôt.

La notion des synergies montre combien il est difficile d'être absolu dans l'appréciation d'une altération glandulaire. Dans chaque cas, on doit reconnaître qu'il y a une perturbation dans l'équilibre de tout l'appareil régulateur de la nutrition.

Dans un travail intéressant, Parhon a démontré que le gigantisme et l'acromégalie sont dus à un processus poliglandulaire avec hyperfonction de l'hypophise du thymus, de la glande thyroïde, du foie, de la rate et insuffisance des glandes sexuelles.

Si on admet que dans la démence précoce les glandes parathyroïdiennes sont le plus altérées, on ne doit pas moins reconnaître que l'ensemble de l'appareil régulateur est touché.

Toute intoxication endocrine peut être considérée comme le résultat d'un processus pluriglandulaire.

L'origine endocrine de la démence précoce ne nous paraît pas encore nettement établie. La pathogénie de cette affection nécessite de nouvelles recherches. L'étude du sang et des sécrétions est appelée à préciser la nature de la démence précoce comme celle de toutes les psychoses toxiques.

Mais de toutes les considérations étiologiques et pathogéniques, il se dégage *que ni la dégénérescence, ni l'hérédité, ni les causes occasionnelles ne sont suffisantes pour créer la démence et qu'une intoxication plus importante est nécessaire à son éclosion.*

Que cette intoxication (endocrine, ou appartenant à une autre cause) survienne seule ou qu'elle s'associe à d'autres processus toxiques, elle se manifestera toujours par le même « mode d'action ».

Klippel a montré que les toxines de la démence

précoce ont une affinité élective pour le tissu neuro-épithélial.

Le neurone est intéressé dans son fonctionnement, sa structure et sa vie même, au niveau de ses prolongements et de son corps cellulaire. Cette neurolyse primaire et irrémédiable permet de considérer la démence précoce comme une cérébropathie parenchymateuse toxique.

Enfin, il est intéressant de rappeler que les toxines de la démence précoce déterminent souvent une véritable narcolepsie psychique (crises d'inertie, somnolence, indolence, torpeur, stupeur, etc.), et qu'elles se rapprochent par ce caractère des toxines paralysantes.

Les toxines de la démence précoce ne sont pas présentes d'une façon constante dans le sang, du moins en quantité considérable. Les rémissions et les aggravations s'expliquent par la diminution ou l'augmentation du pouvoir toxique du sang.

Les rémissions doivent être attribuées à des actions chimiques secondaires, à une antitoxine qui arrive à soulager plus ou moins la cellule nerveuse sans la débarrasser définitivement des éléments toxiques.

G. — FORMES ET VARIÉTÉS

Les formes fondamentales de la démence précoce, telles qu'elles ont été étudiées par Kraepelin, ne résument pas toute la symptomatologie de cette affection. Nous avons déjà montré que ces formes sont des états mixtes qui résultent de la combinaison, à des degrés divers, des troubles psycho-sensoriels et psycho-moteurs.

Depuis les travaux de Kraepelin, l'histoire de la démence précoce s'est beaucoup enrichie. Nous connaissons mieux les irrégularités de la marche, les reliefs et les nuances des symptômes, de l'anatomie pathologique et de l'étiologie. Ces phénomènes donnent à chaque cas particulier une physionomie spéciale et autorisent la description de plusieurs variétés cliniques.

Nous avons décrit la plupart de ces formes ; nous n'insisterons que sur celles que nous n'avons pas encore étudiées.

1° Variétés fondamentales

a) **Démence simple.** — Cette forme a été signalée par Diem, Sommer, Salerni, Bianchini et en France par Sérieux et Masselon.

« Elle consiste en un affaiblissement progressif des facultés mentales, sans que la période d'état soit marquée par l'explosion d'accidents aigus délirants et catatoniques » (Masselon). C'est la forme vraie, typique de la démence précoce. Dégagée des complications et des phénomènes surajoutés, elle laisse mieux voir les caractères de l'affaiblissement mental. Cette forme est rare dans les asiles, on l'observe surtout dans la clientèle. On la confond souvent avec la débilité mentale, l'imbécillité et la paralysie générale au début.

b) **Formes délirantes.** — Nous avons étudié précédemment plusieurs variétés fondamentales de la démence précoce délirante : *hébéphréno-catatonique* ; *hébéphréno-paranoïde* ; *paranoïdo-catatonique* et *hébéphréno-paranoïdo-catatonique*.

c) **Formes psycho-motrices.** — Lorsque la catatonie n'est pas accompagnée de phénomènes délirants, elle peut constituer une variété spéciale psycho-motrice, qui n'est le plus souvent qu'un stade de passage.

Les formes psycho-motrices sont nombreuses : *variété stuporeuse* (flasque, négativiste, mixte) ; *variété avec agitation* (stéréotypies parakinétiques, impulsions, etc.).

2° FORMES PRODROMIQUES

Nous avons décrit plusieurs formes prodromiques : *neurasthénique, psychasthénique, hystérique, épileptique, hypocondriaque, fébrile.*

3° FORMES DE LA PÉRIODE ACTIVE

1° En dehors des formes fondamentales, il y a lieu de distinguer au début de la démence précoce d'autres variétés délirantes suivant l'état thymique et le type du délire surajouté : 1° *Forme mélancolique simple, délirante, avec prédominance de troubles cénesthésiques ;* 2° *Forme maniaque ;* 3° *Forme maniaco-dépressive,* très fréquente, qui se confond avec la forme circulaire ; 4° *Forme confusionnelle* avec onirisme et délire hallucinatoire aigu ; 5° *Forme avec délire d'interprétation.*

Ces formes sont instables ; elles se succèdent, s'associent ou coexistent. Elles paraissent ou disparaissent plusieurs fois au cours de la démence précoce.

2° Les *lésions psychologiques* présentent parfois des irrégularités et créent des variétés distinctes : *forme amnésique avec troubles initiaux de la mémoire ; forme hypermnésique ; forme avec raptus émotionnels, etc,*

4° FORMES D'ÉVOLUTION

Au point de vue de son mode d'évolution, la démence précoce comprend plusieurs formes :

1° *Forme progressive ;* la démence suit une marche lente mais fatale.

2° *Forme circulaire rémittente ;* la démence précoce évolue par poussées avec des intervalles irréguliers très *rapprochés,* pendant lesquels persistent des troubles démentiels plus ou moins légers. Les stéréotypies nombreuses, la suggestibilité, le négativisme et la paralysie affective en constituent les caractères essentiels.

3° *Démence diffuse d'emblée;* le malade arrive en l'espace de quelques semaines au couronnement de son état morbide.

4° *Démence galopante, mortelle,* tue au milieu d'un cortège fébrile, ataxo-adynamique. La démence galopante est presque toujours une démence compliquée par l'intercurrence d'un processus toxi-infectieux : alcoolisme, tuberculose, etc.

5° A côté de ces formes graves, il y a les *formes légères, frustes.* Ces formes bénignes sont des états d'involution qui s'immobilisent après une atteinte légère. Les phénomènes morbides qui les caractérisent sont les séquelles de la démence commençante (déficit léger).

La variété bénigne la plus importante est *l'héboïdophrénie de Kahlbaum, ou variété médico-légale* (folie morale acquise).

Dans ce groupe, entrent beaucoup de cas d'affaiblissement mental de tous les degrés et de toutes les nuances, mais le *déficit moral* l'emporte sur le déficit intellectuel.

L'héboïdophrénie a été décrite par Kahlbaum comme une forme larvée de l'hébéphrénie. C'est une démence simple, sans délire, sans hallucinations, sans excitation maniaque mais avec des colères violentes et des impulsions dangereuses. Elle aboutit à la diminution de la capacité psychique et à la perte du sens moral. Les guérisons sont incomplètes. Il n'y a jamais de *restitutio ad integrum*. Cette forme évolue en dehors des asiles.

Les héboïdes de Kahlbaum sont des individus dangereux. L'amoindrissement du pouvoir de contrôle fait de ces malades des êtres dénués de jugement et d'énergie inhibitrice. Ils ne résistent plus à leurs penchants, commettent facilement des délits et des crimes. Souvent ils agissent par imitation ou par contagion.

Nous étudierons à propos de la médecine légale la nature et les caractères de ces actes morbides.

La plupart de ces malades sont confondus avec les débiles, les déséquilibrés, les fous moraux, etc.

La lésion du sens moral de l'héboïde est toujours primitive, *acquise*. Elle se montre chez des jeunes gens qui n'ont jamais présenté de perversions morales. *Le trouble éthique est le premier symptôme qui annonce le déficit mental.*

5° FORMES ÉTIOLOGIQUES

Formes d'après l'âge. — Pour préciser la chronologie de l'apparition de la démence précoce, on peut distinguer plusieurs variétés : 1° *infantile* (très précoce de Sanctis), qui se montre pendant l'enfance, jusqu'à l'âge de douze ans ; 2° *pubérale*, qui coïncide avec les phases critiques de l'organisation sexuelle et se montre de douze à vingt ans ;

3° *juvénile*, dont l'apparition a lieu entre vingt et trente-cinq ans.

La forme infantile mérite une attention spéciale. Sancte de Sanctis en a fait une étude intéressante.

D'Abundo, Modena, Weigandt et Aubry ont apporté de nombreux faits cliniques.

La démence précoce infantile survient généralement entre huit et douze ans ; elle se montre surtout chez les enfants surchargés de tares héréditaires et atteints de tuberculose.

Les maladies infectieuses ne sont pas rares dans leur passé. L'affaiblissement mental se greffe sur une *intelligence normalement développée*. Il est caractérisé par une instabilité extrême de l'attention et une incoordination absolue des idées.

Les perturbations graves de la volonté : négativisme, suggestibilité, stéréotypies, impulsions, etc., la paralysie affective complètent le tableau clinique. Ces troubles contrastent avec la conservation de la mémoire et l'intégrité de la capacité de perception.

La forme infantile se perd dans le chaos des affaiblissements mentaux antépubéraux. Il est difficile de la distinguer de l'imbécillité, de l'idiotie, des démences organiques, des troubles psychiques de la paralysie infantile, des démences toxiques consécutives à la fièvre typhoïde, la scarlatine et des états catatoniques méningitiques qui accompagnent les maladies toxi-infectieuses, etc.

Formes tardives. — Les formes tardives, survenant après trente-cinq ans, ont été signalées par de nombreux auteurs. Pour nous, ce sont des rechutes qui se manifestent après des rémissions plus ou moins longues.

Urstein a trouvé 63 cas de formes tardives qui ont débuté après quarante ans ; parmi ceux-ci, 20 avaient déjà présenté des troubles démentiels accentués à la puberté ; 9 ont eu un début présénile typique. Chez les 34 autres, il s'agissait de formes frustes qui s'étaient aggravées.

Les formes tardives sont plus fréquentes chez la femme à cause de la puerpéralité et de la ménopause qui ont eu une grande influence sur les rechutes ; ces phénomènes rallument les foyers éteints ou assoupis.

Formes d'après le terrain morbide. — 1° *Forme dégénérative.* — Cette forme a été particulièrement étudiée par Régis et Guilguet. La démence précoce peut se greffer sur toutes les manifestations de la dégénérescence : épilepsie, hystérie, folie morale, débilité mentale, imbécillité, etc.

« La faillite démentielle enlève à un dégénéré d'autant moins de capital psychique que ce capital était plus restreint et le fait tomber de moins haut que son niveau était plus bas » (Régis).

Entre la psychose dégénérative et la démence précoce il y a une phase de transition riche en

.manifestations morbides qui se confond avec la
période prodromique.

Les phobies, les obsessions, les attaques d'épilepsie, etc., s'associent aux troubles démentiels et
créent un complexus symptomatique difficile à diagnostiquer.

La période de transition, *mixte*, appartient à
l'âge scolaire et n'est souvent reconnue que par les
éducateurs et les médecins des écoles.

2° *Démence précoce puerpérale.* — La démence
précoce peut se montrer pendant la grossesse, l'accouchement et la lactation. Aschaffenburg a constaté, sur 118 cas de psychoses puerpérales, 46 cas
de démence précoce.

« Les 46 cas de démence précoce se divisent,
d'après les trois phases de la grossesse, en 9, 26 et
11 malades. Dans la grossesse, l'affection s'est développée le plus souvent vers la fin. »

Kraepelin a signalé 9 p. 100 d'hébéphrénies et
24 p. 100 de catatonies puerpérales. Ces cas se sont
développés pendant les suites de couches.

La démence précoce puerpérale éclate brusquement et évolue au milieu d'un cortège de troubles
maniaques, mélancoliques et confusionnels.

Elle est susceptible d'amélioration mais elle ne
guérit jamais sans déficit. Un nouvel état gravide
et la ménopause provoquent les rechutes.

Kraepelin cite le cas d'une malade dont l'évolution fut marquée par quatre poussées éloignées

correspondant chacune à une grossesse. La dernière seulement avait amené un déficit mental profond. Aschaffenburg cite plusieurs cas semblables. Nous avons publié l'observation d'une malade qui, après plusieurs accès gravidiques suivis de rémission, fit à la ménopause un accès catatonique avec démence profonde.

La démence précoce puerpérale a généralement une évolution périodique; aussi la confond-on souvent avec la folie circulaire.

Formes anatomiques. — 1° *Formes médullaires.* — L'exagération du clonus du pied, l'abolition des réflexes cutanés, le phénomène du gros orteil tendent à faire admettre une lésion du faisceau pyramidal (Deroubaix).

Les lésions des cordons postérieurs et latéraux ne se révèlent par aucun signe tabétique.

2° *Forme cérébelleuse et spasmodique.* — La démarche latéralisée et spasmodique des catatoniques avec raccourcissement et diminution de l'angle d'ouverture et le balayage du talon, etc., peuvent faire penser à une lésion cérébelleuse.

Dufour a décrit une variété cérébelleuse de la démence précoce, d'après un malade qui présentait de la catatonie, de la titubation avec perte de l'équilibre, de l'embarras de la parole, de la diadocinésie, des crises de tremblement et des phénomènes d'insuffisance de la force locomotrice sans paralysie.

Formes associées ou compliquées. — La démence précoce peut s'associer à de nombreuses affections. Parmi les plus fréquentes nous avons : la maladie de Basedow ; la chorée (Rémond et Lagriffe) ; la paraplégie spasmodique familiale (Pellizzi) ; les myopathies type Leyden-Möbius (Joffroy) ; l'éléphantiasis (Westphall) ; la maladie de Dercum (Dide, Leborgne, Rogues de Fursac, Mlle Pascal) ; la syringomyélie (Deny et Barbé) ; la méningite (Vigouroux, Marchand).

En l'état actuel de nos connaissances, nous ignorons le lien qui unit ces affections à la démence précoce.

H. — DIAGNOSTIC

DIAGNOSTIC POSITIF

Le diagnostic positif de la démence précoce se fondera sur les faits suivants :

1° L'apparition fréquente de la démence précoce pendant les crises de la puberté et de l'adolescence.

2° *La précocité de l'affaiblissement et sa localisation élective dans la sphère des sentiments et des émotions.*

3° L'apparition plus tardive et le caractère moins accusé des troubles de la mémoire et de l'intelligence.

4° Le contraste entre l'intensité de l'activité automatique et celle de l'activité volontaire, entre l'intensité de l'activité délirante et celle des états affectifs.

5° L'intensité et la *permanence* des phénomènes catatoniques.

C'est à la période prodromique que le diagnostic différentiel est le plus délicat. Dans la pratique, c'est surtout avec la neurasthénie et l'hystérie qu'on aura à établir les distinctions cliniques.

Neurasthénie. — L'asthénie neuro-musculaire, l'incapacité d'effort mental, sentiment d'impuissance et de dépersonnalisation, besoin de solitude, idées hypocondriaques, céphalée, troubles subjectifs, troubles digestifs, insomnie, se rencontrent dans les deux affections.

Mais l'examen mental de ces malades permet de constater que la démence précoce se différencie de la neurasthénie par son *étiologie*, sa *forme clinique* et son *évolution*.

Les causes adjuvantes de nature émotionnelle jouent un rôle secondaire dans l'étiologie de la démence précoce, tandis qu'elles jouent un rôle primordial dans la genèse de la neurasthénie.

Dans les deux affections, la sphère affective est la première lésée, mais la nature de la lésion est différente. Dans *la démence précoce il y a paralysie des états affectifs ;* dans *la neurasthénie il y a excitation des mêmes éléments* (émotivité exagérée, sensiblerie, fréquence des phobies, etc.). Dans les cas invétérés, on voit, chez certains neurasthéniques, s'affaiblir les sentiments de famille et le malade devenir un véritable égoïste, exigeant, ne s'intéressant à rien si ce n'est à ses malaises et à ses sensations. On ne trouve pas cet égoïsme chez le dément précoce neurasthénique et c'est à cela qu'on remarque la première manifestation de la dissolution de la personnalité. *Il n'aime personne, il ne s'aime même pas lui-même.*

Le neurasthénique est inquiet de sa santé, il vient lui-même consulter le médecin ; le dément précoce se plaint rarement de son état morbide, bien qu'il en soit conscient ; c'est sa famille qui l'amène au médecin.

L'examen de la mémoire fournit des indications intéressantes. L'amnésie d'évocation portant sur les noms propres, les chiffres, etc., est très troublée dans la neurasthénie. Le dément précoce a fréquemment une bonne mémoire ; parfois on constate même de l'hypermnésie.

Les signes d'alarmes de l'affaiblissement mental viennent édifier le diagnostic.

Si ces symptômes passent inaperçus, l'évolution montre qu'il s'agit d'une affection distincte de la neurasthénie.

Le neurasthénique vrai est un épuisé qui a déchargé sa pile, suivant l'expression de G. de la Tourette, mais il garde le pouvoir de se refaire au physique et au moral.

Le dément précoce neurasthénique ne peut plus se refaire, quelle que soit son atteinte grave ou légère. *La lésion s'annonce dès la période prodromique, matérielle, destructive et irrémédiable.*

Mais le cadre de la neurasthénie vraie tend de plus en plus à se rétrécir tandis que celui des neurasthénies symptomatiques s'élargit. C'est surtout avec ces états morbides qu'on aura le plus souvent à discuter le diagnostic de la démence précoce.

Hystérie. — Lorsqu'on consulte les certificats d'internement des déments précoces, on est frappé de la fréquence avec laquelle les praticiens confondent cette affection avec la neurasthénie et l'hystérie. Les uns sont traités dans les maisons d'hydrothérapie, d'autres sont hypnotisés, suggestionnés, électrisés, etc. Il est regrettable que les médecins autorisés par la loi à signer des certificats d'internement soient si étrangers à la psychiatrie.

Si le domaine de l'hystérie s'est beaucoup rétréci, c'est en grande partie à cause de la démence précoce.

Les attaques hystériformes, la suggestibilité, les bizarreries et les excentricités, l'instabilité d'humeur, les fugues, le rire explosif, le fou rire, le rire echokinétique, etc., constituent un ensemble de pseudo-stigmates hystériques qui rendent difficile l'interprétation du diagnostic.

Nous verrons que la stupeur catatonique a été souvent prise pour un état de catalepsie hystérique.

L'étude des sentiments et des émotions permet de trancher la question. Dans l'hystérie, l'émotivité morbide, les sentiments exagérés et mobiles, l'hyperesthésie psychique, la confabulation, la mythomanie forment un contraste frappant avec l'apathie, l'indifférence, la pauvreté d'imagination des déments précoces.

Epilepsie. Tumeurs cérébrales. — Il est des cas où la démence précoce ne se révèle que par des attaques épileptiformes. Comment différencier cette affection de l'épilepsie essentielle ?

Les ictus des déments précoces sont souvent *isolés*. Lorsque les phénomènes psychiques apparaissent, la démence s'installe rapidement, tandis que dans l'épilepsie, elle ne se montre que tardivement.

Chez certains malades, l'attaque revêt le type Jaksonien. Le diagnostic devient d'autant plus difficile avec les cérébropathies organiques (tumeurs cérébrales, etc.) que la céphalée et les troubles du langage (paraphasie, etc.) sont souvent accentués.

Paralysie générale. — La démence précoce peut être confondue avec la paralysie générale. La dysarthrie, le signe de A. Robertson, les troubles de la mémoire, etc., tranchent souvent le diagnostic.

Mais il y a des cas de paralysie générale junévile dont les symptômes psychiques et physiques sont frustes. « La ponction lombaire rendra alors de grands services, car si la réaction de Wassermann est positive dans les deux cas, le cyto-diagnostic sera positif dans la paralysie générale mais négatif dans la démence précoce » (Régis).

Les troubles psychiques de la puberté sont souvent de nature dépressive ; ils surviennent au moment des règles et disparaissent avec la période critique.

La psychasthénie, la cyclothymie de Willmanns, le myxœdème sont des états pathologiques auxquels il faut songer avant de s'arrêter au diagnostic de la démence précoce.

DIAGNOSTIC DIFFÉRENTIEL DE LA PÉRIODE ACTIVE

Etats maniaques. — Il est d'une importance capitale, au point de vue du pronostic, de distinguer l'accès maniaque de la démence précoce de celui de la psychose circulaire. Les deux affections débutent souvent à la même époque. D'autre part, l'évolution de la démence précoce peut se faire par poussées intermittentes ; elle revêt alors toutes les apparences d'une psychose circulaire.

La guérison complète de l'accès est en faveur de la psychose circulaire. Le dément précoce ne s'améliore jamais sans déficit. Il attache peu d'importance à la crise passée dont il a pourtant conscience et ne s'inquiète pas de son avenir. Par contre, le maniaque manifeste un sentiment de gêne, souffre et s'inquiète de l'évolution de sa maladie.

L'amélioration de l'accès maniaque du dément précoce est de très courte durée ; un nouvel accès apparaît, évolue avec la même rapidité et fait place à un accès de même nature ou mélancolique, confusionnel ou à un état démentiel profond.

Les états périodiques à intervalles de courte durée sont en faveur de la démence précoce.

Rappelons que l'accès maniaque hébéphréno-catatonique est une excitation automatique où dominent les stéréotypies, les impulsions, la verbigération, etc.

L'excitation du dément précoce se satisfait dans un tout petit espace, celle du circulaire est débordante et riche en mouvements variés.

L'attention affective du maniaque est exagérée. Son langage et ses actes se modifient à chaque instant. A la visite il aborde le médecin, l'inonde d'un déluge de paroles tandis que l'excité hébéphréno-catatonique ne s'inquiète pas de son entourage.

Kraepelin insiste sur les troubles de la perception et l'obnubilation de la conscience qui sont plus fréquentes dans la manie.

Il est des cas où ces éléments ne sont pas suffisants pour établir le diagnostic. On cherchera la solution du problème dans la connaissance des antécédents des symptômes qui ont précédé l'accès maniaque et dans l'étude de l'évolution.

Le premier accès de la manie n'éclate pas en un jour, il est précédé de manifestations prodromiques, d'auras de courte durée.

Etats mélancoliques. — Le diagnostic des états dépressifs de la démence précoce avec la mélancolie est extrêmement difficile au début. Dans les deux cas, le fond mental est constitué par les phénomènes suivants : tristesse, ralentissement psychique, idées de ruine, de culpabilité, troubles cénesthésiques, etc.

Chez les déments précoces la tristesse est plus apparente que réelle, la conscience plus obscure, les raisonnements de justification faibles, la dépression morale discontinue, interrompue par des éclats de rire, des grimaces, etc., les troubles cénesthésiques précoces. Les idées de négation, de transformation corporelle, de possession sont au premier plan dès le début. Enfin, les hallucinations sont nombreuses et variables.

Dans la mélancolie le début est plus brusque,

l'évolution plus lente, la tristesse continue ou entrecoupée de paroxysmes, les facultés intellectuelles intactes, les actes en rapport avec l'activité délirante, les délires cénesthésiques plus tardifs, les hallucinations rares ou passant au second plan.

Le négativisme existe dans les deux affections et présente les mêmes caractères.

Les états dépressifs de la paralysie générale de l'alcoolisme, de l'épilepsie seront éliminés d'après la connaissance du passé du malade, l'étude des signes physiques et de l'état mental.

Etats mixtes. — Les difficultés du diagnostic de la démence précoce avec la psychose circulaire sont accrues par le fait que dans les deux affections on trouve fréquemment des états mixtes résultant de la combinaison des phénomènes d'excitation et de dépression.

La manie coléreuse, la manie dépressive, la manie improductive, la stupeur maniaque, la dépression avec fuite des idées, là manie akinétique, etc., se rencontrent à des degrés divers dans la démence précoce. Le diagnostic ne peut être établi que par l'analyse de l'état mental et l'étude de l'évolution.

Etats confusionnels. — Le diagnostic des états confusionnels des déments précoces doit se faire avec la confusion mentale-entité (amentia de Meynerl, confusion mentale chronique de Régis) et les états confusionnéls symptomatiques.

Ce syndrome est d'une extrême fréquence dans la pathologie mentale ; *il est dans les psychoses ce que la fièvre est dans les maladies organiques.* On le rencontre à toutes les périodes de la démence précoce ; il est souvent sous la dépendance des hallucinations et de l'incohérence du délire.

Lorsqu'un de ces phénomènes s'atténue, la confusion disparaît.

L'accès confusionnel des déments précoces est de très courte durée ; il s'accompagne souvent de troubles catatoniques ou alterne avec eux.

La confusion mentale-entité est un processus toxi-infectieux, un état d'incoordination moins profond mais plus diffus que celui de la démence précoce. Les lésions portent à la fois sur l'activité intellectuelle de construction et sur l'activité de conservation (mémoire, souvenirs, habitudes, etc.). L'amnésie antéro et rétrograde, l'obnubilation de la conscience, la désorientation atteignent une très grande intensité.

L'activité de conservation est toujours très peu atteinte chez les déments précoces. Même dans certains états crépusculaires, la mémoire persiste et forme un contraste frappant avec les troubles des perceptions. Ces phénomènes de *diamnèse* doivent être recherchés soigneusement ; ils permettent d'établir souvent le diagnostic de démence précoce.

Si ces malades sont fréquemment considérés comme des confus, c'est à cause de l'état de prostration, d'hébétude, de somnolence qui est pris pour un état d'obnubilation de la conscience. Mais l'examen mental permet de reconnaître que l'activité idéatoire n'est pas complètement éteinte. Les malades perçoivent les événements qui les entourent et les gravent dans leur mémoire. S'ils restent immobiles, inactifs et ne s'intéressent à rien, c'est que la lésion affective a tari les sources de la curiosité et de l'attention spontanée.

Le diagnostic de la démence précoce avec la confusion mentale chronique de Régis et l'amentia de Meynert se posent rarement, car ces affections ne sont pas fréquentes.

'C'est surtout avec les états confusionnels symptomatiques (dégénérescence mentale, maladies toxi-infectieuses, alcoolisme, tuberculose, etc.) qu'on aura le plus souvent à établir les différences cliniques.'

Les *encéphalopathies tuberculeuses* revêtent souvent la forme confusionnelle (Lépine, Damaye, etc.) et imposent le diagnostic avec la démence précoce.

La recherche du bacille de Koch, l'ophtalmoréaction, l'examen du sang tranchent le différend. Mais très souvent la tuberculose s'associe à la démence précoce et, dans ces cas, il est difficile de résoudre le problème du diagnostic. Souvent, les états confusionnels de la démence précoce

sont sous la dépendance de la tuberculose ou de
l'alcoolisme.

Etats délirants. — 1° *Délires asystématisés périodiques.* — Les délires incohérents des déments précoces sont souvent confondus avec les délires polymorphes des dégénérés et les délires oscillants des
débiles.

Les *délires des dégénérés* ont généralement un
début brusque, une évolution rapide ; ils s'accompagnent d'états émotionnels (obsessions, phobies, etc.); ils sont surtout à base d'interprétations
fausses ; les réactions sont en rapport avec l'activité
délirante.

Les *délires des débiles et des imbéciles,* à évolution circulaire, ont une grande analogie avec les
délires cycliques incohérents des déments précoces.
La distinction ne peut être faite que sur les anam-
nestiques.

Le délire de persécution et de grandeur des dégénérés inférieurs est souvent confondu avec la
démence paranoïde. Mais ils sont généralement plus
mobiles, moins figés et témoignent d'une affectivité
normale. Enfin les délires oscillants des débiles
sont plus espacés que les délires cycliques des
déments précoces.

Les *délires des psychoses toxi-infectieuses* revêtent parfois l'aspect des délires incohérents. Les
délires toxiques sont d'autant plus difficiles à élimi-

ner qu'ils peuvent s'associer à la démence précoce (alcoolisme, tuberculose, etc.).

Délires systématisés hallucinatoires. — Nous résumerons, dans le tableau synoptique suivant, les caractères différentiels de la démence précoce paranoïde et des délires systématisés hallucinatoires (type Magnan, type Lasègue-Falret).

Démence paranoïde.	*Délires systématisés hallucinatoires.*
Apparition plus fréquente pendant la jeunesse.	Apparition plus fréquente après quarante ans.
Affaiblissement démentiel précoce.	Affaiblissement démentiel tardif ou absent.
Période prodromique analogue à celle de l'hébéphréno-catatonie.	Période prodromique hypochondriaque.
Diminution croissante de l'activité mentale. Troubles des phénomènes généraux de l'idéation : adaptation, personnalisation, systématisation.	L'activité mentale obéit aux lois générales de l'idéation.
Diminution de l'affectivité allant jusqu'à l'athymie.	Conservation ou diminution de l'affectivité mais n'allant jamais jusqu'à l'athymie.
Excitation passagère du sentiment de l'orgueil suivie d'atrophie.	Excitation croissante du sentiment de l'orgueil.
Amoindrissement du ton émotionnel.	Exagération du ton émotionnel.
Amnésie émotionnelle.	Mémoire affective et émotionnelle très vive (souvenirs des offenses, etc.).
Conceptions délirantes stéréotypées, sans connexions avec l'activité mentale.	Conceptions délirantes systématisées intimement unies avec l'activité mentale.
Raisonnements de justification faibles n'ayant aucune tendance à la logique affective ou rationnelle.	Raisonnements de justification obéissant aux lois de la logique affective.

Le délire est un ensemble d'idées mal coordonnées.

A mesure que l'affaiblissement mental s'accentue, les idées morbides se dépersonnalisent et les réactions ne sont plus adéquates au délire.

Le délire se désagrège et disparaît avec la dissolution de la personnalité.

Phénomènes cataloniques (suggestibilité, négativisme, etc.) permanents.

Les stéréotypies et les impulsions sont automatiques et précoces.

Le délire est un ensemble de syllogismes qui ont l'apparence de la vérité.

A mesure que le délire se systématise, les idées morbides se personnalisent, s'incorporent et font partie intégrante de la personnalité ; les réactions restent toujours adéquates au délire.

Le moi faux transforme la personnalité mais ne la détruit pas.

Phénomènes cataloniques, transitoires ou absents.

Les stéréotypies et les impulsions sont en rapport avec les troubles psychosensoriels.

Etats intermédiaires. — Le diagnostic de la démence paranoïde est extrêmement difficile avec les délires de persécution qui, après une évolution de quelques années analogue à celle des délires systématisés, sombrent dans la démence.

Ces « états intermédiaires » ont été peu étudiés. Ils méritent une attention spéciale, car ce sont eux qui permettront à la psychiatrie de l'avenir de limiter d'une façon précise la démence précoce et les délires systématisés.

Nous avons étudié ces « états intermédiaires » sur dix malades. Voici les conclusions auxquelles nous sommes arrivé :

1° L'alcoolisme et la syphilis transforment les délires systématisés en délires démentiels ;

2° Le délire systématisé, qui évolue sur un terrain de débilité mentale, s'appauvrit et s'éteint rapidement;

3° Les délires démentiels des « états intermédiaires » peuvent se stéréotyper comme les délires des déments précoces, mais ils s'en distinguent par de nombreux caractères : absence de signes catatoniques, lésion démentielle prédominante dans la sphère intellectuelle; enfin, la tonalité affective de l'activité mentale ou délirante reste longtemps normale.

Délire d'interprétation de Sérieux et Capgras. — Nous avons noté que la démence précoce peut débuter par une bouffée d'interprétations délirantes sans hallucinations. Le diagnostic avec la psychose raisonnante s'impose dans ce cas.

L'erreur est facile à éviter si l'on veut bien se rappeler les caractères que Sérieux et Capgras lui ont assigné : absence d'hallucinations, activité normale, extension progressive du délire ; réactions en rapport avec leurs mobiles, etc.

Etats catatoniques. — Le syndrome catatonique se rencontre à l'état atténué et à titre d'épiphénomène transitoire dans une foule d'affections mentales (délires toxi-infectieux, paralysie générale, psychose circulaire, démence sénile, psychoses traumatiques, etc.). Mais, comme l'a fait remarquer Séglas, « c'est seulement sur le terrain de la démence précoce que le syndrome catatonique atteint des caractères prononcés de développement, d'intensité et de permanence ».

Il est néanmoins des cas où la catatonie revêt des caractères de netteté et de ténacité qui rendent ardu le diagnostic de la démence précoce. Il en est ainsi en ce qui concerne la stupeur mélancolique, maniaque, hystérique, épileptique, alcoolique. Certains auteurs admettent une catatonie-entité avec guérison.

Stupeur mélancolique. — La stupeur mélancolique avec négativisme (mutisme, etc.) ou passivité rappelle le tableau clinique de la stupeur des déments précoces.

Ni l'expression du visage, ni l'attitude générale, ni le degré de concentration de la douleur ne sont d'aucun secours pour édifier le diagnostic.

Certains aliénistes admettent que le négativisme des mélancoliques est plus facile à vaincre que celui des déments précoces. Chez nos malades, nous avons souvent constaté la même opiniâtreté. Lorsque nous essayions de changer leur attitude, ils la reprenaient immédiatement avec la même énergie négative que l'on rencontre dans la démence précoce. *Le barrage de la volonté s'observe dans les deux affections.*

Kraepelin et Régis insistent sur les caractères de la passivité. Les déments précoces supportent les menaces même dangereuses sans aucune réaction.

Ils gardent tranquillement les épingles qu'on leur a piquées dans la langue, les paupières, etc. Au contraire, dans la mélancolie, la résistance commence avec les menaces du danger.

Voici, pour nous, les caractères distinctifs de ces deux états de stupeur :

Dans la démence précoce, il y a : *coexistence de négativisme et de passivité; alternatives d'états différents ou discontinuité de la stupeur ; malpropreté.*

Dans la mélancolie, le négativisme ne coexiste pas avec la suggestibilité; la stupeur est continue ; les malades gardent le pouvoir d'inhibition sur les réflexes anal, vésical, etc. Enfin, les signes physiques sont différents dans les deux maladies.

Malgré ces caractères, il y a des cas où le diagnostic est impossible. La notion d'accès antérieurs avec retour complet à la santé dans l'intervalle permet seule de trancher le différend.

Stupeur maniaque. — La stupeur maniaque revêt parfois le masque de la catatonie. Les attitudes maniérées, le négativisme, etc., présentent les mêmes caractères cliniques. Il est absolument impossible de tirer le diagnostic des nuances du tableau morbide. On ne peut s'appuyer que sur les commémoratifs et l'évolution ultérieure de la maladie.

Catalepsie hystérique. — L'hystérique cataleptique est à l'état de sommeil ; le dément précoce à l'état de veille. Dans la catalepsie hystérique, l'état de monoïdéisme est moins parfait que dans la démence précoce. La conscience, bien que restreinte, permet encore des associations psycho-mimiques, cénesthésiques, etc. La passivité n'est pas si grande que dans la démence précoce, mais elle est continue ; l'hystérique cataleptique obéit toujours et ne résiste jamais. Lorsque le négativisme fait suite à la suggestibilité, il faut toujours penser à la démence précoce.

Stupeur épileptique. — La stupeur épileptique survient à la suite d'une attaque ou à titre d'équivalent psychique.

Elle dure de quelques minutes à quelques heures. Les stéréotypies, les impulsions, les attitudes cataleptiques, le négativisme, rappellent la stupeur catatonique. Le diagnostic est parfois impossible. La notion de la durée et les commémoratifs tranchent les difficultés.

Stupeur alcoolique. — La stupeur alcoolique est précédée d'une phase de délire onirique avec panophobie ou d'un accès de mélancolie hallucinatoire. Le diagnostic, en général facile, peut présenter des difficultés s'il s'agit d'alcoolisme associé à la démence précoce.

Stupeur de la paralysie générale. — Le négativisme et les stéréotypies se rencontrent parfois dans la paralysie générale.

Les signes physiques, l'examen du liquide céphalorachidien permettent d'établir le diagnostic.

Maladie du sommeil. — Les troubles mentaux de la trypanosomiase (fugues, vagabondage, impulsions suicides, homicides, confusion mentale, mélancolie, etc.) peuvent être confondus avec la démence précoce.

Lorsqu'il s'agit d'un Européen ayant séjourné dans les régions tropicales africaines ou d'indigènes, on devra chercher le *flagellé* avant de poser le diagnostic de démence précoce.

DIAGNOSTIC DE LA PÉRIODE RÉSIDUELLE

Débilité mentale. Imbécillité. — Le diagnostic des formes frustes de la démence précoce présente des difficultés extrêmes avec la débilité mentale et l'imbécillité. Certains auteurs attachent beaucoup d'importance à l'intégrité des sentiments affectifs chez les dégénérés inférieurs. Ce signe n'a pas beaucoup de valeur car les sentiments sont souvent absents ou peu développés.

La lenteur avec laquelle l'évolution s'est opérée, le nombre restreint des acquisitions sont des éléments importants.

La méthode expérimentale des associations d'idées est d'une grande utilité. Le dément précoce a des souvenirs de lectures et de choses apprises qui influencent sur les réponses. Jamais un débile ou un imbécile ne répond comme un dément précoce.

Le diagnostic devient difficile lorsque la démence

précoce s'est greffée sur un fond de débilité mentale
ou d'imbécillité (cas de Wallon, de Modena, etc.).

Folie morale. — L'héboïdophrénie peut être confondue avec la folie morale constitutionnelle. Evensen, dans un travail remarquable, a cherché à préciser les signes différentiels. « Le malade est
indiscipliné, brutal, emporté, hâbleur, menteur,
voleur ; il ne reconnaît pas ses torts et tâche de se
faire passer pour une victime. Mais lorsqu'il s'agit
de détourner une difficulté, il n'a pas la souplesse du
fou moral, ni son habileté à tirer profit d'une occasion, ni sa ténacité dans le but qu'il poursuit. Le diagnostic est établi si l'on peut trouver un changement
du caractère, un affaiblissement du jugement, une
diminution de la faculté de travailler datant de la
puberté. A cela s'ajoutent les singularités de la
démence précoce ; les malades se négligent, ne
veulent plus changer de linge, ni se laver, etc. »

Idiotie. États démentiels. — Le diagnostic des
déficits profonds s'impose avec l'idiotie et les états
démentiels.

Esquirol faisait rentrer la démence précoce dans
le cadre des idioties acquises. La similitude de ces
deux affections n'est qu'apparente. Les éléments du
diagnostic sont donnés par les antécédents du sujet
et par l'absence de tout vestige d'un développement
intellectuel antérieur.

La démence précoce n'est pas la seule démence

juvénile. Le déficit mental peut être déterminé à cette époque par de nombreuses causes. Parmi les démences juvéniles les plus fréquentes, nous avons : la *démence épileptique, alcoolique,* la *paralysie générale juvénile,* les *démences organiques et toxiques.* Ces états morbides se distinguent par leurs antécédents, leur évolution, leur formule mentale et la présence de signes physiques qui n'existent pas dans la démence précoce. Dans toutes ces affections, l'affaiblissement mental est caractérisé par des troubles de la mémoire de conservation ; ce sont des *démences amnésiques, d'emblée.*

Encéphalomyélopathies. — Le diagnostic avec les encéphalomyélopathies se pose dans les cas où il s'agit de démence précoce compliquée de lésions médullaires, cérébelleuses, amyotrophiques, etc., ou associée à une affection neuropathique.

La paralysie infantile, la chorée avec catatonie, l'hémiplégie spasmodique infantile, la maladie de Little, la sclérose en plaques, la syrengomyélie, la maladie de Friedreich, les amyotrophies primitives, etc., compliquées de troubles psychiques, peuvent aboutir à un état de déchéance démentielle. L'enquête diagnostique cherchera à mettre en évidence la valeur des troubles moteurs.

Il convient d'ajouter que ces affections peuvent s'associer à la démence précoce et qu'alors le problème diagnostique devient presque insoluble.

CHAPITRE V

CONSIDÉRATIONS MÉDICO-LÉGALES

La démence précoce, avec son affaiblissement mental spécial, constitue un terrain fertile pour la germination des délits et des crimes. Les actes médico-légaux de cette affection relèvent de nombreuses causes : troubles du sens moral, troubles du jugement, intensité de l'automatisme, suggestibilité, troubles psycho-sensoriels, etc.

En décrivant la période prodromique, nous avons insisté sur les lésions que le processus morbide détermine dans la sphère morale. L'héboïdophrénie de Kahlbaum, que nous avons étudiée sous le nom de variété médico-légale, est d'un haut intérêt clinique et social; elle intéresse à la fois le médecin et le magistrat.

Les actes médico-légaux de la période prodromique ne sont pas seulement l'extériorisation de l'affaiblissement mental démentiel ; les états morbides (épilepsie, hystérie, dégénérescence, folie morale, alcoolisme, etc.), qui s'associent souvent à la démence précoce, donnent lieu à une floraison médico-légale, riche, variée et complexe.

En raison de la fréquence et de la nature des actes commis au début par les déments précoces, Antheaume et Mignot ont appelé cette phase, par analogie avec celle de la paralysie générale, *période médico-légale.*

La période médico-légale d'un aliéné s'étend sur toutes les phases de la maladie. Si les actes morbides donnent lieu le plus souvent à des poursuites judiciaires au début, c'est parce que le malade n'est pas interné et que les signes prodromiques passent inaperçus.

Certains malades traversent la période prodromique sans commettre aucun acte délictueux ; c'est alors les troubles psycho-sensoriels ou l'excitation maniaque qui donnent lieu à des considérations médico-légales.

Les actes médico-légaux des déments précoces varient avec la disposition mentale à laquelle ils obéissent. Les plus fréquents sont : *les fugues, le vagabondage, la mendicité, le vol, la prostitution, l'attentat et l'outrage à la pudeur, l'escroquerie, les impulsions : suicide, homicide, pyromanie, etc., et les idées d'auto-dénonciation.*

Fugues, vagabondage. — La plupart des auteurs ont établi que la fugue est souvent la première manifestation morbide du malade.

Mais les fugues prodromiques, comme tous les symptômes qui se montrent à cette époque, sont très complexes et reconnaissent des origines multiples.

La fugue démentielle présente quelques caractères qui permettent de la diagnostiquer.

Kraepelin a insisté sur l'état « d'inquiétude intérieure » des malades ; « ils ne tiennent pas en place, vont et viennent, errent sans but, même la nuit, partent en voyage et au hasard et sans argent ».

Tanzi a signalé l'absence de préméditation, de plan, de but, etc. Deny et Roy ont décrit surtout la fugue-impulsion, subconsciente avec tendance à la stéréotypie. Ducosté distingue quatre variétés de fugue : d'instabilité, d'impulsion, de déficit intellectuel léger et de démence profonde.

Il est difficile de faire une classification exacte des fugues basée sur le substratum psychologique. Qu'il s'agisse d'un déficit léger ou d'un déficit profond, c'est toujours la prédominance de l'activité automatique qui donne lieu aux fugues. Toutes les fugues non délirantes des déments précoces sont des fugues d'instabilité en rapport avec le besoin de mouvement exagéré, pathognomonique de cette affection. Les caractères essentiels de ces fugues, sont : l'*absence de jugement* (sens critique, etc.) et *d'éléments émotionnels*, la *tendance à la stéréotypie* et la *conservation de la mémoire*.

Les *troubles du jugement* se reflètent dans les explications puériles que les malades donnent de leur fugue : « Ils veulent s'exercer à marcher, chercher le frais, passer le temps, voir des pays nouveaux, étudier l'astronomie, voir se lever l'aurore, se dégourdir les jambes » (Tanzi).

La *lésion affective* se montre dans l'absence de peur, de colère, de soucis pour la famille, etc.

La *tendance à la stéréotypie* est caractéristique de la fugue des déments précocès. Toutes ces crises de marche se répètent souvent avec les mêmes allures, dans les mêmes conditions, à la même heure, etc.

En dehors de ces fugues d'instabilité, il y a lieu de signaler la *fugue par suggestibilité*, par *entraînement*, par *imitation*, par *contagion*.

Enfin, la *fugue délirante* qui ne se distingue de celle des autres aliénés que par l'affaiblissement mental qui l'accompagne.

Les fugues d'instabilité et de suggestibilité de la période prodromique et de l'héboïdophrénie donnent lieu au *vagabondage*. C'est pour cette cause que beaucoup de déments précocès sont mis en prison. Willmanns a trouvé, sur 127 vagabonds, 66 déments précoces et, parmi ces malades, 6 prostituées.

Le *vagabondage* est parfois l'unique lésion de la désagrégation mentale. Bertschinger, Schroeder et Kraepelin ont démontré que souvent de vieux vagabonds et délinquants ont dans leur vieillesse des affections analogues à la démence précoce, mais, si l'on plonge dans leur passé, on trouve qu'à l'âge de la puberté, ces malades ont présenté un arrêt de la vie intellectuelle et morale.

Les déments précoces vagabonds sont paresseux, incapables de se plier à un travail régulier ; les uns mendient, les autres volent ; les femmes tombent dans la prostitution.

Vol. — Le vol reflète souvent l'état démentiel ; il est alors accompli sans prévoyance, sans utilité et sans la moindre précaution pour assurer l'impunité, etc. ; dans d'autres cas, le malade manifeste plus de ruse et tire parfaitement profit de son vol. Le caractère utilitaire du vol ne doit donc pas toujours faire croire à l'intégrité mentale.

Escroquerie. — L'*escroquerie* a été rarement signalée ; elle peut être déterminée par une idée délirante.

Le Dr Thibault, médecin en chef à l'asile de Clermont, nous a communiqué l'observation d'un malade qui a été arrêté pour escroquerie.

M. F... s'est présenté chez deux commerçants de Beauvais et a fait différentes commandes en priant qu'on les lui livre le lendemain à son domicile. Le soir même, il adressait à ces commerçants des reçus négociables dans une banque parisienne et signés L. G. de E. de Richelieu. Le lendemain il tirait un coup de revolver sur un des agents de police qui venaient constater le délit d'escroquerie.

Suicide. — Les *tentatives de suicide* sont très fréquentes chez les déments précoces ; elles sont marquées au sceau de la puérilité et de l'illogique. Ces

actes ont souvent *tendance à la stéréotypie*. Un
dément précoce qui a des idées de suicide doit être
soigneusement surveillé.

Le suicide peut être de nature *impulsive ;* il peut
être provoqué par un *trouble psycho-sensoriel ;* dans
certains cas, il offre le caractère d'un *acte d'imita-*
tion (suicide échopraxique).

Crime. — Les *actes de violence*, les *tentatives de*
meurtre, l'*homicide* ne sont pas rares dans la
démence précoce.

Le *crime* emprunte à l'affaiblissement mental des
caractères spéciaux. Pighini insiste sur la férocité
et l'insensibilité morales.

L'acte criminel s'accomplit sous la forme d'une
impulsion violente et dont le malade garde un souvenir précis. Le malade ne manifeste ni regrets, ni
remords ; il paraît complètement insouciant de l'acte
commis.

Le crime *par contagion, par imitation, par sug-*
gestibilité, est fréquent dans cette affection ; il est
souvent confondu avec le crime des débiles et des
hystériques. La suggestibilité très grande fait de ces
malades des instruments aveugles entre les mains
des malfaiteurs.

Le *crime délirant et hallucinatoire* reflète les
troubles du jugement et la lésion affective.

Une malade de Kraepelin fit de graves blessures
à ses enfants pour sauver leur âme dont le salut

était compromis. Une autre assomme à moitié son mari assoupi pour le délivrer de ses souffrances.

Auto-dénonciation. — Une autre particularité médico-légale intéressante que l'on trouve chez les déments précoces, c'est : l'*auto-dénonciation*. Le mécanisme de cet acte morbide ne relève pas toujours de l'idée de culpabilité, d'auto-accusation, etc. Les déments précoces se dénoncent souvent comme les dégénérés et les débiles ; ce sont des mystificateurs conscients de leur mensonge qui agissent sous l'influence d'une auto-suggestion. D'autres se dénoncent à la suite d'un délire onirique.

Résumé de deux observations communiquées par le D' Thibaud.

1. X... Au cours d'une fugue, commet un vol chez un charcutier tout en ayant de l'argent sur lui. Il est arrêté et s'accuse d'un autre vol qui a été constaté et d'un crime irréel.

2. Z... passe aux assises pour émission de fausse monnaie. C'est lui-même qui est allé se dénoncer. En même temps on arrête le véritable coupable. Pendant toute la durée de l'instruction, ce dernier a soutenu que Z... n'a jamais été son complice. Malgré ces protestations et l'absence de preuves, Z... a été condamné à cinq ans de réclusion. En prison il passait pour un simulateur. Actuellement il est interné à l'asile de Clermont. Le diagnostic de démence précoce ne fait aucun doute.

Les déments précoces méconnus dans les prisons. — Malgré les caractères morbides des actes médico-légaux, les déments précoces sont nombreux dans les prisons.

On les trouve dans les maisons centrales, les colonies pénitentiaires d'enfants, les maisons de préservation et dans les lieux de détention militaire.

Pighini relève, sur 143 individus formant la population du manicome criminel de Reggio Emilia, 64 déments précoces dont 54 ayant passé en jugement et été condamnés. La plupart de ces malades présentaient des troubles morbides lorsqu'ils furent condamnés. Bonhoeffer trouva 41 p. 100 de déments précoces dans les prisons ; Siefert 34 p. 100; Schultze 22 p. 100.

Dans l'armée, les déments précoces sont poursuivis et condamnés pour indiscipline, refus d'obéissance, voies de fait, révoltes. Les fugues acquièrent une importance particulière et donnent lieu à l'absence illégale ou à la désertion.

Ilberg a insisté sur la fréquence de la démence précoce dans l'armée allemande. Schultze fait remarquer que chez des prisonniers militaires, la démence précoce a été reconnue pendant un séjour à l'hôpital pour une affection physique.

Willmanns a démontré que l'emprisonnement provoque l'éclosion et l'aggravation de la démence précoce. L'interruption de la réclusion au début a un effet favorable.

Simulation. Sursimulation. — Si les déments pré-

coces sont fréquemment victimes d'erreurs judiciaires, c'est à cause de leur symptomatologie dés-
harmonique qui impose l'idée d'une simulation.

Le maniérisme avec ses attitudes excentriques, la
paramimie, le regard sournois, le sourire moqueur,
le symptôme des réponses « à côté », le délire
incohérent, la stupeur, les stéréotypies, l'excitation
maniaque, l'alternative d'états différents, etc., constituent un tableau clinique qui fait songer à l'impos-
ture.

C'est surtout dans l'armée qu'on a traité souvent
en simulateurs les déments précoces au début.

La plupart des auteurs (Pactet, Colin, Sérieux,
Régis, Kagi, Dromard, Granjux, Reynaud, Saporito,
Stier, Pellegrini, etc.) ont insisté sur les méprises
qu'entraîne l'examen superficiel de ces *faux simu-*
lateurs.

Le diagnostic de la démence précoce avec la
simulation est un des problèmes les plus difficiles
de la médecine légale.

Les observations montrent que les simulateurs
empruntent fréquemment à la stupeur et à l'excitation des déments précoces, leur masque clinique.

Mais quelle que soit l'habileté des simulateurs il y
aura toujours des « ombres » sur le tableau clinique
de la démence précoce.

Ni la désharmonie entre l'expression de la physionomie et les actes, ni les contradictions, ni l'exagération des symptômes, ni les réponses absurdes ne

peuvent servir de base au diagnostic de la simulation.

Certains auteurs, Morel, Mairet, etc., attribuent une grosse importance à l'absurdité des réponses.

Morel soutient qu'aucun aliéné ne peut faire des réponses « qui n'auraient pas pour résultat de rattacher un effet à une cause, par la raison qu'ils ne peuvent pas être privés de l'idée de *cause*, de *substance, d'être* ».

On sait aujourd'hui que les déments incohérents violent toutes les lois de la pensée. Nous avons noté que les déments précoces présentent cette particularité curieuse des réponses et des actes *à côté* tout comme les simulateurs Derozier et Blanc étudiés par Morel et Mairet.

La marche acyclique, irrégulière, l'apparition et la disparition rapides d'un trouble morbide n'ont pas plus de valeur que le symptôme des réponses « à côté ».

Les véritables « ombres » sont déterminées par l'*absence de période prodromique, de signes physiques et de symptômes d'affaiblissement mental spécial à la démence précoce.*

Une des règles principales dans une expertise médico-légale de ce genre, c'est la reconstitution du passé de l'inculpé. Deux causes d'erreur sont à éviter : la *simulation préventive* et le *début brusque de la démence précoce.*

L'*examen physique* portera sur tous les organes.

L'appétit, le sommeil seront surveillés. L'analyse du sang et des urines renseigneront sur les modifications de la nutrition générale.

Les troubles vaso-moteurs, la cyanose et l'œdème des extrémités sont à prendre en considération.

L'examen des yeux sera fait en chambre noire. Malgré l'inconstance des symptômes oculaires, on peut trouver à des intervalles irréguliers l'anesthésie de la cornée, la mydriase, le myosis, le signe de Westfall, l'inégalité pupillaire etc.

L'intégrité des facultés mentales est difficile à mettre en évidence chez les individus qui simulent la stupeur. Il faut une surveillance constante de jour et de nuit pour dépister l'intelligence dissimulée. Celle-ci se dévoile dans la physionomie et surtout dans le regard qui exprime des préoccupations que n'a pas le dément précoce. Comme chez tous les simulateurs, l'attention est toujours en éveil, fortement tendue par les efforts qu'elle fait pour observer et étudier les impressions des personnes de l'entourage.

Le simulateur exagère son hébétude en présence des médecins et des infirmiers et il cesse sa comédie, lorsqu'il ne se sent plus surveillé. La physionomie change, se « détend », le regard furtif, sournois, disparaît.

Le dément précoce garde toujours son état d'indifférence et s'il se produit un changement, celui-ci est indépendant de l'entourage.

En pratique, le diagnostic de la démence précoce avec la simulation vraie est très rare. Il est actuellement admis que la plupart des simulateurs présentent un état mental morbide. Les psychoses dont ils sont le plus fréquemment atteints revêtent des aspects variables : hystérie, épilepsie, folie morale, alcoolisme, débilité mentale, imbécillité, etc. C'est avec ces affections qu'on aura à faire le diagnostic de la démence précoce.

Sursimulation. — Les déments précoces comme tous les psychopathes ont tendance à exagérer leur état mental.

La sursimulation rend difficile l'expertise médico-légale et incite à commettre des erreurs, si l'on n'est pas prévenu.

La sursimulation peut se montrer à toutes les phases de la maladie, mais c'est surtout au début qu'elle est le plus fréquente. A cette époque, le malade peut sursimuler pour échapper à une punition. Le sens moral est troublé, mais la conscience reste intacte, ce qui lui permet de se rendre compte de la gravité pénale de ses actes.

La sursimulation se montre également à l'Asile.

Certains déments précoces en rémission et qui ne veulent pas retourner dans leur famille sursimulent pour faire croire qu'ils sont encore malades.

Nous avons eu l'occasion d'observer un cas de ce genre.

Gr., après une crise hébéphréno-catatonique, présente une rémission avec disparition des phénomènes aigus. L'affaiblissement mental est léger, la lésion affective se manifeste par l'abolition complète des sentiments de famille et des sentiments altruistes.

Réclamé par son frère, il refuse de retourner chez lui. Il a, dit-il, ses habitudes à l'Asile et ne veut plus sortir.

Chaque fois que nous l'examinons, il prend un air hébété et répond par monosyllabes. Il lit quelques lignes et s'arrète comme s'il était exténué de fatigue. Ses réactions sont lentes, il se traîne en marchant ou reste immobile dans l'attitude de la demi-stupeur.

Lorsqu'il retourne à la ferme où il travaille, il raconte à ses camarades qu'il a joué la comédie pour qu'on ne le mette pas en liberté.

Il est intéressant à signaler que le malade sursimule les phénomènes catatoniques qu'il avait présentés au début de son affection.

Démence précoce traumatique. — Depuis la promulgation de la loi de 1898 sur les accidents du travail, l'étude des rapports des traumatismes craniens avec les psychoses, a acquis une très grande importance. Nous avons signalé que le traumatisme a été fréquemment noté dans l'étiologie de la démence précoce. Le traumatisme, comme toutes les causes occasionnelles crée une prédisposition acquise. La lésion ou la cicatrice qu'il détermine devient un « foyer d'appel » pour les toxines de la démence précoce

La médecine légale doit préciser l'importance du rôle joué par le traumatisme dans l'éclosion de la démence précoce.

On ne peut préciser ce rôle qu'à condition d'établir un lien entre l'accident traumatique et les premiers symptômes de la démence précoce.

Gieseler, Régis, Joffroy et Mignot, Ribierre ont cherché à déterminer les règles qui conditionnent l'éclosion de la paralysie générale traumatique. Ces règles peuvent s'appliquer à toutes les psychoses traumatiques.

On ne diagnostiquera une démence précoce traumatique que lorsque les conditions suivantes se trouveront remplies :

1° D'abord, le traumatisme n'aura été précédé d'aucun symptôme d'ordre physique ou moral imputable à la démence précoce. 2° Il se sera écoulé le minimum de temps (de deux mois à deux ans), entre le traumatisme et l'éclosion de la démence précoce.

On éliminera les blessures de la tête du premier âge. Comme le fait remarquer Kræpelin, elles sont si fréquentes qu'elles ne peuvent être considérées comme des causes vraies.

Le diagnostic de la démence précoce traumatique se fera avec les troubles psychiques traumatiques primaires : confusion mentale simple ou avec catatonie et la méningo-encéphalite traumatique. Cette dernière est caractérisée par de nombreux signes physiques : dysarthrie, troubles oculaires, lymphocitose rachidienne, etc.

La confusion mentale avec catatonie ne peut être distinguée qu'après la disparition complète des phénomènes psychiques et psycho-moteurs.

CHAPITRE VI

TRAITEMENT

Traitement curatif. — Le traitement curatif est essentiellement dominé par la notion pathogénique de la démence précoce.

En étudiant la pathogénie de cette affection, nous avons montré qu'elle pouvait être considérée comme la résultante d'actions toxiques diverses liées à des troubles de l'appareil régulateur de la nutrition. C'est en partant de ces données qu'on a essayé l'*opothérapie*. Nous avons noté que les résultats ont été variables.

Malgré le peu d'importance des effets obtenus, nous conseillons d'essayer l'opothérapie chez tous les malades et principalement à la période prodromique et à la période active. Le traitement sera prolongé et varié.

Tous les principes des glandes (hypophisine, surrénaline, extraits splénique, thymique, etc.), qui participent à la régularisation du trophisme général, seront employés successivement. Les malades seront surveillés de très près, car la médication est très active et peut produire des modifications brusques et dangereuses.

Enfin, il faut s'attendre à trouver une inégalité d'action ; telle préparation qui donne de bons résultats chez un malade se montre sans action chez un autre.

Malgré l'harmonie fonctionnelle, toutes les glandes endocrines ne sont pas également touchées ; selon que le traitement est adéquat ou non à la cause réelle, il peut être *actif, inutile* ou *même nuisible.*

En dehors de l'opothérapie, on a essayé d'autres traitements. Régis a constaté une amélioration évidente de l'état mental à la suite d'une ponction lombaire.

Marro conseille les lavages de l'estomac. Lewis, C. Bruce et Peebles ont essayé avec succès la sérothérapie streptococcique. Ils ont également eu de bons résultats avec le sérum de chèvre immunisée à un organisme provenant du sang d'un catatonique.

Les maladies infectieuses ont une action favorable sur l'évolution de toutes les maladies mentales. Ce fait est d'une importance extrême pour la thérapeutique. Malheureusement, on ignore la manière dont agissent les maladies organiques sur les psychoses. Marinesco croit qu'il se forme des anticorps et que ceux-ci détruisent les toxines des psychoses.

Il y a là un champ vaste de recherches et d'expériences qui mérite d'être exploré. Il n'est pas téméraire de penser que ces études vont apporter des lumières nouvelles à la biologie, à la thérapeutique et à la pathogénie des maladies mentales.

Traitement symptomatique. — Le traitement symptomatique vise les principaux accidents qui marquent les différentes étapes de cette affection.

L'agitation hébéphréno-catatonique sera soignée par les bains prolongés ou les enveloppements humides et par l'alitement.

Les *états dépressifs* sont rarement modifiés par le sérum artificiel, la caféine, la noix vomique, etc. Ils cèdent d'eux-mêmes ou sous l'influence de l'opothérapie ovarienne et thyroïdienne.

La *sitiophobie* sera combattue *par les lavages de l'estomac*. Ce traitement a été préconisé par Régis. Nous l'avons employé avec succès chez plusieurs malades. Le lavage de l'estomac doit précéder chaque fois le cathétérisme œsophagien.

L'*état général* des déments précoces nécessite des soins spéciaux. En raison de leur état d'anémie et de la tuberculose fréquente, ils ont besoin de toniques, de suralimentation et d'air.

Le *négativisme* est un des phénomènes le plus redoutable à cause des amyotrophies, des raideurs articulaires, etc., qu'il détermine.

Trömner a essayé la rééducation des membres négativistes ; il conseille de les soumettre chaque jour à une gymnastique spéciale : mouvements de flexion et d'extension, etc.

La rééducation ne peut donner de bons résultats que chez les malades, dont l'affaiblissement mental n'est pas très profond. Toute rééducation exige une bonne mémoire de fixation et une attention volontaire normale.

Le négativisme démentiel lié à des lésions destructives est rebelle à tout traitement.

Traitement par le travail. — Lorsque les phénomènes aigus ont disparu et que les forces physiques sont revenues, les malades devront être soumis au traitement par le travail.

« Le travail, dit Masselon, peut être considéré chez ces malades comme un endiguement du processus démentiel, car en dehors de la lésion irréparable causée par la maladie, il se pourrait que la démence progressive ultérieure fût le résultat de la non-utilisation du capital intellectuel existant encore. »

Nous avons montré à plusieurs reprises l'importance de la *narcolepsie fonctionnelle* qui exagère l'état démentiel de ces malades.

Chez ceux qui ne travaillent pas, l'engourdissement cérébral paraît plus profond.

Dans notre service (colonies de Fitz-James et de Villers), nous avons constaté que les déments précoces qui s'occupent régulièrement dans les fermes et dans les champs paraissent moins déments que ceux qui ne travaillent pas.

Le travail constitue donc le meilleur traitement thérapeutique contre l'inertie mentale. Le choix et la durée du travail seront en rapport avec le degré d'affaiblissement mental et l'état général. Nous con-seillons le *jardinage* à tous les déments précoces tuberculeux, à nutrition générale mauvaise, aux abouliques et aux apathiques avec tendance à la catatonie.

Le jardinage facilite la respiration et la circula-tion, renforce les fonctions abdominales, augmente l'appétit et améliore la digestion. D'autre part, il résume différents traitements mécaniques : mas-sage, gymnastique, etc., et de ce chef il devient un moyen direct d'amélioration pour les phénomènes catatoniques.

La durée du travail, ainsi que les heures où les malades doivent le commencer seront soigneuse-ment surveillés. On évitera de les faire travailler à l'humidité et à la fraîcheur des heures matinales.

En dehors du travail en plein air, d'autres traite-ments peuvent être employés à la fois comme sti-mulants physiques et comme dérivatifs psychiques.

Nous citerons parmi les plus importants : la gym-nastique, le tennis, la bicyclette, le jeu de billard, etc., etc.

Si on a la curiosité de regarder les malades tra-vailler, on est frappé de l'insensibilité des déments précoces aux effets de la fatigue, lorsqu'ils exé-cutent des actes simples, à formule uniforme. Cer-tains malades travaillent plusieurs heures consécu-tives (cinq-six heures) debout, sans éprouver le

besoin de s'asseoir. Quand l'heure des repas sonne,
ils sont les derniers à quitter le travail, et l'on
remarque souvent qu'ils font un grand effort pour
l'interrompre. Par contre, si l'on cherche à leur
apprendre quelque chose de nouveau, ne fût-ce qu'un
acte insignifiant, mais qui nécessite l'intervention
de l'attention volontaire, ils se fatiguent vite. Les
uns deviennent confus, dyspraxiques, les autres s'ir-
ritent, se fâchent et refusent de travailler.

Gaetano Martini a cherché si la loi normale de la
courbe du travail établie par Pierracini et Maffei,
trouve sa vérification chez les déments précoces.

On sait que d'après cette loi, il y a *une période
initiale de repos, une période moyenne de production maxima et une période finale de rendement
ou de fatigue progressive.* G. Martini montre, avec
courbes à l'appui, que le dément précoce travailleur
a besoin d'une plus longue période de temps que les
sujets normaux pour venir à bout de son état d'inertie psycho-motrice, mais que la période moyenne
de rendement maximum est plus longue.

On peut expliquer ce fait par la persévération ou
l'incapacité de changer une attitude préexistante. *Il
faut plus d'effort à un dément précoce pour interrompre un acte commencé que pour continuer un
travail dur, pénible et fatigant.*

Traitement préventif. — Le traitement préventif
de la démence précoce est celui de toutes les mala-

dies mentales ; il consiste dans l'application des règles de l'hygiène et dans l'éducation morale. Ce traitement vise particulièrement les « prédisposés » et a pour but d'empêcher le germe de produire ses malheureux fruits. L'hygiène des jeunes déments précoces se confond avec l'hygiène scolaire et l'hygiène de la croissance. On prêtera une attention spéciale aux phases critiques du développement physique, à l'anémie consécutive, à la convalescence des maladies infectieuses. Chez la femme, la menstruation et la puerpéralité seront l'objet d'une surveillance sérieuse.

Tout enfant chargé de tares héréditaires ou qui présente des irrégularités dans le développement physique et mental sera considéré comme un « prédisposé ». Entre quinze et dix-huit ans, il cessera tout travail intellectuel qui sera remplacé par l'éducation physique méthodique, appropriée aux forces de l'enfant. On se gardera de combattre l'épuisement intellectuel par des exercices physiques fatigants.

Le changement de milieu agit parfois d'une façon efficace. La quiétude des champs, le grand air procurent à quelques-uns un apaisement général ; à d'autres, les voyages, l'éloignement de la famille permettent de rétablir l'équilibre psychique.

On épargnera le service militaire à tous les « tarés ».

L'*éducation morale* a pour but d'apprendre aux

jeunes gens à résister aux impulsions et aux tentations (alcool, masturbation, etc.), de développer les sentiments de solidarité, de justice, le sens moral, et l'obéissance aux lois sociales.

La jeunesse est l'âge des passions vives et des émotions profondes, de la colère, etc. Ces états affectifs affaiblissent l'énergie morale.

Le rôle de l'éducation de la volonté est d'endiguer ces « flots d'excitation » et de les transformer en élans d'enthousiasme pour le travail et les belles choses.

Enfin, l'éducation sexuelle qui est à l'ordre du jour ne doit pas être négligée.

Bien que nous n'admettions pas la théorie de l'origine psycho-sexuelle de la démence précoce, soutenue par Jung, nous croyons que les préoccupations sexuelles, les tendances perverses, peuvent troubler le développement psychique et organique.

La puberté et l'adolescence, périodes de crises physiques et morales, âge des études, des passions et des maladies mentales, méritent une attention spéciale de la part des éducateurs, des psychologues et des médecins. « Si l'histoire de l'âme enfantine, dit Compayré, a quelque ressemblance avec la douce poésie d'une idylle, l'histoire de l'âme adolescente, en nous exposant la crise physique, les crises intérieures, morales et religieuses, dont la puberté est le point de départ, a quelque chose de la gravité et du sérieux d'un drame. »

TABLE DES MATIÈRES

ÉVREUX, IMPRIMERIE CH. HÉRISSEY, PAUL HÉRISSEY, SUCCʳ

Récentes publications sur les Maladies Nerveuses et Mentales

FÉRÉ (Ch.). Les épilepsies et les épileptiques. 1 vol. gr. in-8, avec 12 planches hors texte et 67 grav. dans le texte. 20 fr.
— La pathologie des émotions. 1 vol. in-8 . . . . . 12 fr.
FLEURY (Maurice de), de l'Académie de Médecine. Introduction à la médecine de l'esprit. 8º édit. 1 vol. in-8º (*Couronné par l'Académie française et par l'Académie de médecine*). 7 fr. 50
— Les grands symptômes neurasthéniques. 4º édit., revue 1 vol. in-8. (*Couronné par l'Académie des Sciences*). 7 fr. 50
— Manuel pour l'étude des maladies du système nerveux. 1 vol. grand. in-8, avec 132 gravures en noir et en couleurs, cart. à l'angl. . . . . 25 fr.
GRASSET. Les maladies de l'orientation et de l'équilibre. 1 vol. in-8. cart. à l'angl. . . . . 6 fr.
— Demifous et demiresponsables. 2º édit. 1 vol. in-8 5 fr.
JANET (Dr Pierre). L'État mental des hystériques. 2º édition. 1 vol. in-8, avec gravures dans le texte . . . . . 18 fr.
JANET (P.) et RAYMOND (F.). Névroses et idées fixes.
  Tome I. — *Études expérimentales*, par P. Janet, 2º édit. 1 vol. gr. in-8 avec 68 gravures . . . . 12 fr.
  Tome II. — *Fragments des leçons cliniques*, par F. Raymond et P. Janet. 2º édit. 1 vol. gr. in-8, avec 97 gr. . 14 fr.
(*Couronné par l'Académie des Sciences et par l'Académie de Médecine.*)
JANET (P.) et RAYMOND (F.). Les obsessions et la psychasthénie, Tome I. — *Études cliniques et expérimentales*, par P. Janet. 2º édit. 1 vol. gr. in-8, avec grav. dans le texte. . 18 fr.
  Tome II. — *Fragments des leçons cliniques*, par F. Raymond et P. Janet. 1 vol. in-8 raisin, avec 22 gr. dans le texte. 14 fr.
JOFFROY (le prof.) et DUPOUY. Fugues et vagabondage. 1 vol. in-8 . . . . 7 fr.
MARIE (Dr A.). Traité international de psychologie pathologique. Tome I : *Psychopathologie générale*, par MM. les Prof. Grasset, Del Greco, Dr A. Marie, Prof. Mally, Mingazzini, Drs Dide, Klippel, Levaditi, Lugaro, Marinesco, Médéa, L. Lavastine, Prof. Marro, Clouston, Bechterew, Ferrari, Prof. Carrara. 1 vol. gr. in-8, avec 353 gr. dans le texte. 25 fr.
  Tome II: *Psychopathologie clinique*, par les Prs Bagenoff, Bechterew, Drs Bourilhet, Capgras, Colin, Deny, Hesnard, Lhermitte, Magnan, A. Marie, Prs Pick, Pilcz, Drs Riche, Roubinovitch, Sérieux, Sollier, Pr Ziehen, 1 vol. gr. in-8, 341 grav. . . . . 25 fr.
  Tome III terminant l'ouvrage. (*Sous presse.*)
STEWART (Dr P.). Le diagnostic des maladies nerveuses. Traduction et adaptation française par le Dr Gustave Scherb. Préface de M. le Dr E. Helme. 1 vol. in-8 avec 208 fig. et diagrammes . . . . 15 fr.

Envoi franco contre mandat-poste

NOVEMBRE 1908

FÉLIX ALCAN, ÉDITEUR

108, Boulevard Saint-Germain, PARIS, 6ᵉ.

COLLECTION MÉDICALE

Élégants volumes in-16, cartonnés à l'anglaise, à **4** et à **3** fr.

41 Volumes publiés

DERNIERS VOLUMES PARUS :

La mimique chez les aliénés, par le Dʳ G. DROMARD......... **4 fr.**

L'amnésie, par les Dʳˢ G. DROMARD et J. LEVASSORT. (*Ouvrage couronné par l'Académie de médecine*)........................... **4 fr.**

Les embolies bronchiques tuberculeuses (*Études cliniques*), par le Dʳ CH. SABOURIN, directeur du sanatorium de Durtol. Avec gravures.. **4 fr.**

La responsabilité (*Étude de socio-biologie et de médecine légale*), par le Professeur G. MORACHE......................... **4 fr.**

La mélancolie (*Étude médicale et psychologique*), par le Dʳ R. MASSELON. (*Ouvrage couronné par l'Académie de médecine*)................. **4 fr.**

Essai sur la puberté chez la femme (*psychologie, physiologie, pathologie*), par le Dʳ MARTHE FRANCILLON..................... **4 fr.**

Manuel de psychiatrie, par le Dʳ J. ROGUES DE FURSAC. 3ᵉ éd. **4 fr.**

Manuel d'électrothérapie et d'électrodiagnostic, par le Dʳ E. ALBERT-WEIL. 2ᵉ édition revue..................... **4 fr.**

Pratique de la chirurgie courante, par le Dʳ M. CORNET, préface de M. le *Professeur Ollier*, avec gravures.................... **4 fr.**

Traité de l'intubation du larynx dans les sténoses laryngées aiguës et chroniques de l'enfant et de l'adulte, par le Dʳ A. BONAIN, avec gravures................................. **4 fr.**

Les nouveaux traitements, par le Dʳ J. LAUMONIER. 2ᵒ édit... **4 fr.**

Naissance et mort. *Étude de socio-biologie et de médecine légale*, par le Pʳ G. MORACHE, de la Faculté de médecine de Bordeaux..... **4 fr.**

Grossesse et accouchement. *Étude de socio-biologie et de médecine légale*, par LE MÊME.. **4 fr**

L'hystérie et son traitement, par le Dʳ PAUL SOLLIER....... **4 fr.**

L'instinct sexuel, *Évolution, dissolution*, par le Dʳ CH. FÉRÉ, médecin de Bicêtre, 2ᵉ édit.. **4 fr.**

Les maladies de l'urèthre et de la vessie chez la femme, par le Dʳ KOLISCHER, trad. de l'all. par le Dʳ *Beuttner*, de Genève, avec gr. **4 fr.**

L'éducation rationnelle de la volonté; *son emploi thérapeutique*, par le Dʳ P.-E. LÉVY, préface de M. le *Professeur Bernheim*, 6ᵉ édit. **4 fr.**

Envoi franco contre mandat-poste.

La mort réelle et la mort apparente, nouveaux procédés de diagnostic et traitement de la mort apparente, par le Dr S. Icard, avec gravures (*Ouvrage récompensé par l'Institut*).................... **4 fr.**

La fatigue et l'entraînement physique, par le D^r Ph. Tissié, préface de M. le *Professeur Bouchard*, avec gravures, 3e édit. (*Ouvrage couronné par l'Académie de médecine*)............................. **4 fr.**

Morphinomanie et morphinisme, par le Dr P. Rodet (*Ouvrage couronné par l'Académie de médecine*)........................ **4 fr.**

Hygiène de l'alimentation dans l'état de santé et de maladie, par le Dr J. Laumonier, avec gravures. 3e édition revue........ **4 fr.**

L'hygiène sexuelle et ses conséquences morales, par le Dr S. Ribbing, professeur à l'Université de Lund (Suède), 3e édition... **4 fr.**

Hygiène de l'exercice chez les enfants et les jeunes gens, par le Dr F. Lagrange, lauréat de l'Institut, 8e édition............... **4 fr.**

De l'exercice chez les adultes, par *le même*, 6e édition....... **4 fr.**

Hygiène des gens nerveux, par le Dr Levillain, 5e édition.... **4 fr.**

L'idiotie. *Psychologie et éducation de l'idiot*, par le Dr J. Voisin, médecin de la Salpêtrière, avec gravures................... **4 fr.**

La famille névropathique. *Hérédité, prédisposition morbide, dégénérescence*, par le D^r Ch. Féré, médecin de Bicêtre, avec gravures, 2e édition.. **4 fr.**

Le traitement des aliénés dans les familles, par le même, 3e édition.. **4 fr.**

L'éducation physique de la jeunesse, par A. Mosso, professeur à l'Université de Turin............................... **4 fr.**

Manuel de percussion et d'auscultation, par le Dr P. Simon, professeur à la Faculté de médecine de Nancy, avec gravures...... **4 fr.**

DANS LA MÊME COLLECTION

Cours de Médecine opératoire
de la Faculté de Médecine de Paris

Par M. le professeur Félix TERRIER
Membre de l'Académie de médecine, Chirurgien de la Pitié

Chirurgie de la plèvre et du poumon, par les Drs Félix Terrier, membre de l'Ac. de méd., prof. à la Faculté de médecine de Paris, et E. Reymond, ancien interne des hôp. de Paris, avec 67 grav.... **4 fr.**

Chirurgie de la face, par les Drs Félix Terrier, Guillemain, chirurgien des hôpitaux et Malherbe, avec 214 gravures............. **4 fr.**

Chirurgie du cou, par les mêmes, avec 101 gravures........... **4 fr.**

Chirurgie du cœur et du péricarde, par les Drs Félix Terrier et E. Reymond, avec 79 gravures................................ **3 fr.**

Petit manuel d'antisepsie et d'asepsie chirurgicales, par les Drs Félix Terrier et M. Péraire, ancien interne des hôpitaux de Paris, avec gravures.. **3 fr.**

Petit manuel d'anesthésie chirurgicale, par les mêmes, avec 37 gravures.. **3 fr.**

L'opération du trépan, par les mêmes, avec 222 gravures..... **4 fr.**

Envoi franco contre mandat-poste.

NOTICES SUR LES VOLUMES DE CETTE COLLECTION

Les nouveaux Traitements
Par le Dʳ J. LAUMONIER
1 vol. in-16, 2ᵉ édit. revue et complétée, cartonné à l'anglaise...... **4 fr.**

L'auteur s'est proposé de fournir aux médecins et à toutes les personnes qui s'intéressent à la thérapeutique, des indications précises, aussi complètes, mais aussi brèves et claires que possible, sur les nouveaux remèdes et les nouvelles méthodes de traitement qui ont une efficacité réelle et sont assez bien connus pour qu'on puisse les formuler d'une manière sûre et pratique. En tête de chaque chapitre, il a placé des considérations sommaires de physiologie pathologique et de pathogénie, dans le but de faire comprendre le mécanisme de l'action thérapeutique par la connaissance des troubles fonctionnels qui créent la maladie.

La Mimique chez les Aliénés
Par le Dʳ G. DROMARD
Médecin de l'asile de Clermont (Oise)
1 volume in-16, cartonné à l'anglaise............... **4 fr.**

M. Dromard envisage, au nom de la psychologie morbide, les relations qui unissent la mimique aux trois sphères *intellectuelle, affective et volitionnelle* et, à ce titre, il s'est heureusement éloigné du terrain purement objectif. Cette tentative répond à des besoins nouveaux, car elle permet de grouper des observations éparses en vue d'une Classification méthodique.

L'Amnésie
au point de vue séméiologique et médico-légal
Par les Dʳˢ G. DROMARD et J. LEVASSORT
(Ouvrage couronné par l'Académie de Médecine.)
1 volume in-16, cartonné à l'anglaise............... **4 fr.**

Les auteurs ont distingué les amnésies de nature fonctionnelle et les amnésies de nature organique consécutives aux lésions disséminées et aux lésions circonscrites du cerveau.

La seconde partie de travail intéresse la médecine légale. Les auteurs se sont efforcés de porter la lumière sur des points souvent très obscurs dans l'épilepsie, la paralysie générale au début et les traumatismes cérébraux. Une étude sur la simulation de l'amnésie, qui est bien l'une des difficultés les plus grandes que l'expert puisse avoir à résoudre, complète ce travail.

La Famille névropathique
Théorie tératologique de l'hérédité
et de la prédisposition morbides et de la dégénérescence
Par le Dʳ Ch. FÉRÉ, médecin de Bicêtre.
1 vol. in-16, 2ᵉ édit., avec 25 gravures dans le texte, cart. à l'angl.. **4 fr.**

M. Féré montre que les exceptions connues sous le nom d'hérédité dissemblable et d'hérédité collatérale se retrouvent dans les familles térato-

Envoi franco contre mandat-poste.

logiques qui, souvent, sont aussi des familles pathologiques. Ce qui est héréditaire, ce sont des troubles de la nutrition de la période embryonnaire, entraînant des effets différents suivant l'époque à laquelle ils se produisent. Les troubles du développement commandent la prédisposition morbide, de nombreux faits le prouvent. Ces troubles héréditaires ou accidentels de l'évolution réalisent une destruction progressive des caractères de la race ; la dégénérescence, quelle que soit sa cause, peut être définie une dissolution de l'hérédité qui aboutit en fin de compte à la stérilité.

Le Traitement des Aliénés
dans les familles
Par *le même*.

1 vol. in-16, 3ᵉ édition, revue et augmentée, cartonné à l'anglaise. **4 fr.**

Le traitement des aliénés dans les familles fut signalé pour la première fois au public français par le Dʳ Féré en 1889. L'auteur donne des renseignements intéressants sur l'assistance familiale telle qu'elle est donnée dans divers pays. Depuis bientôt treize années que les mêmes procédés sont appliqués en France, les résultats obtenus ont été en s'améliorant, et le Dʳ Féré constate les progrès de cette bienfaisante institution. Une seconde partie est consacrée à la description des soins généraux qu'exige le traitement des aliénés dans les familles : avantages et inconvénients du traitement, quels malades peuvent en profiter, le choix de l'habitation, le garde-malade, surveillance de la santé générale des aliénés, soins moraux, soins particuliers à quelques catégories d'aliénés, soins particuliers dans certaines circonstances exceptionnelles, toutes questions de haute importance dont la connaissance est indispensable.

L'Instinct sexuel, Évolution et Dissolution
Par *le même*.

1 vol. in-16, 2ᵉ édition, cartonné à l'anglaise...................... **4 fr.**

L'instinct sexuel n'est pas un instinct incoercible auquel tous seraient réduits à obéir, si anormale que soit la forme sous laquelle celui-ci se manifeste. L'auteur s'est proposé de mettre en lumière la nécessité du contrôle et de la responsabilité dans l'activité sexuelle, tant au point de vue de l'hygiène qu'au point de vue de la morale.

M. Féré prouve qu'il n'y a aucune raison pour que les actes sexuels échappent à la responsabilité, et les faits montrent qu'ils n'y échappent pas ; la nature et la société éliminent les pervertis et favorisent les sobres.

L'Hystérie et son Traitement
Par le Dʳ Paul SOLLIER

1 vol. in-16, avec gravures dans le texte, cartonné à l'anglaise........ **4 fr.**

L'auteur a eu pour but, en faisant d'abord l'examen critique des théories sur la nature de l'hystérie et le mécanisme de ses phénomènes,

Envoi franco contre mandat-poste.

de montrer qu'ils sont d'ordre essentiellement physiologique, et que leur traitement est par conséquent du ressort des cliniciens. Établir la pathogénie générale des troubles hystériques et partir de là pour en déduire le traitement rationnel, telle est l'idée directrice de l'ouvrage.

Basé sur la longue expérience de l'auteur, cet ouvrage constitue pour les praticiens le guide le plus complet et le plus pratique du traitement de l'hystérie.

La Mélancolie
ÉTUDE MÉDICALE ET PSYCHOLOGIQUE
Par le Dr **R. MASSELON**
Médecin-adjoint de l'Asile de Clermont (Oise).

(*Ouvrage couronné par l'Académie de médecine.*)

1 vol. in-16, cartonné à l'anglaise. . . . . **4 fr.**

Cet ouvrage a pour but l'étude analytique du syndrome mélancolique. De quels éléments psychiques sont constituées la dépression et la douleur morales? comment ces deux symptômes sont reliés l'un à l'autre? comment ils s'influencent l'un l'autre?*telles sont les questions que M. Masselon a posées et qu'il s'est efforcé de résoudre. Enfin, comme le délire des mélancoliques présente des caractères nets, fixes, bien tranchés, il a montré comment il dérivait directement du fond mental sur lequel il se développe.

Après cette analyse des phénomènes cliniques, l'auteur aborde l'étude différentielle des états mélancoliques dans les diverses affections mentales et insiste particulièrement sur les cas de mélancolie dite essentielle qu'il appelle mélancolie affective. M. Masselon a été conduit à cette dernière opinion par l'étude des faits : il n'existe pas une mélancolie, il n'existe que des états mélancoliques. La mélancolie n'est pas une entité morbide, elle est un état psychologique que l'on observe dans des formes nosographiques très différentes.

Hygiène des Gens nerveux
PRÉCÉDÉE DE NOTIONS ÉLÉMENTAIRES
Sur la Structure, les Fonctions et les Maladies du Système nerveux
Par le Dr **F. LEVILLAIN**
Ancien interne de la Salpêtrière,
Lauréat de la Faculté de médecine de Paris.

1 vol. in-16, avec gravures dans le texte, 5e édition, cart. à l'anglaise. . **4 fr.**

Essai sur la Puberté
chez la Femme
PSYCHOLOGIE — PHYSIOLOGIE — PATHOLOGIE
Par Mme le Dr **Marthe FRANCILLON**
Ancien interne des hôpitaux de Paris.

1 vol. in-16, cartonné à l'anglaise. . . . . **4 fr.**

Chez la femme, la maturité sexuelle est la conséquence d'une longue évolution organogénique; elle est tellement complexe, que les fonctions

Envoi franco contre mandat-poste.

les plus diverses unies entre elles par d'étroites corrélations, se modifient de manière à converger toutes en vue de l'établissement de la vie génitale. Les conditions extrêmes elles-mêmes, en raison de leur utilité dans la concurrence vitale, n'échappent pas à cette discipline.

L'auteur s'est efforcé d'étudier, au double point de vue anatomique et physiologique, les modifications qui transforment l'adolescente en femme pubère. Mlle le Dr Francillon a dégagé de documents épars et fragmentaires les éléments d'une esquisse des conditions de cette phase spéciale de la vie de la femme.

Morphinomanie et Morphinisme

Par le **Dr Paul RODET**

(Ouvrage couronné par l'Académie de médecine, Prix Falret.)

1 vol. in-16, cartonné à l'anglaise...................................... **4 fr.**

Cet ouvrage contient d'abord un historique complet du morphinisme, en faisant assister le lecteur aux différentes étapes que cette affection a traversées avant d'être reconnue comme une véritable entité. Après avoir étudié les mœurs des morphinomanes, la morphinomanie à deux, sa propagation rapide, M. Rodet aborde la symptomatologie et la théorie de l'abstinence qui constituent deux chapitres importants de son ouvrage. Puis il continue par l'examen des intoxications coexistant si communément avec la morphinomanie, en particulier de l'alcoolisme et de la cocaïnomanie, l'étude médico-légale du morphinisme, et donne, pour terminer, une large place au *traitement*, exposant les diverses méthodes employées et appréciant leur valeur thérapeutique.

L'Idiotie

Hérédité et dégénérescence mentales,
Psychologie et éducation mentale de l'idiot

Par le **Dr Jules VOISIN**, médecin de la Salpêtrière.

1 vol. in-16, avec gravures dans le texte, cartonné à l'anglaise...... **4 fr.**

L'auteur, choisissant ses exemples parmi différents types d'idiots étudiés dans son service d'hôpital, examine leurs instincts, leurs sentiments, leurs lueurs d'intelligence et de volonté, ainsi que leurs caractères physiques. De là, il passe à l'éducation et au traitement qui doivent être appliqués à ces déshérités, pour qu'ils cessent d'être à charge à tous, et qu'ils deviennent utiles à eux-mêmes et à la société.

Manuel de
Percussion et d'Auscultation

Par le **Dr Paul SIMON**
Professeur à la Faculté de médecine de Nancy.

1 vol. in-16, avec gravures dans le texte, cartonné à l'anglaise,...... **4 fr.**

Envoi franco contre mandat-poste.

Manuel de Psychiatrie

Par le Dr J. ROGUES DE FURSAC
Médecin en chef des asiles de la Seine.

1 vol. in-16, 3e édit., cartonné à l'anglaise........................ **4 fr.**

L'auteur s'est efforcé de faire une œuvre pratiquement utile. C'est ainsi qu'il a donné une place relativement considérable à l'étude des troubles psychiques élémentaires. Il importait en effet de fixer la valeur de ces symptômes constituant, par leur groupement, les affections psychiques proprement dites, et de définir des termes dont le sens exact échappe quelquefois aux médecins insuffisamment familiarisés avec la psychiatrie. Bien que demeurant sur le terrain pratique, il n'a pas cru devoir passer sous silence les explications pathogéniques qui ont été données des troubles mentaux. La plupart des théories relatives à la genèse des hallucinations, des troubles de l'émotivité, etc., sont résumées d'une façon aussi claire que possible.

On trouvera décrites dans ce livre des affections peu connues en France jusque dans ces dernières années, telles que la *démence précoce* et la *folie maniaque dépressive.*

Hygiène de l'Alimentation
Dans l'état de santé et de maladie

Par le Dr J. LAUMONIER

1 vol. in-16, 3e édit., avec gravures dans le texte, cartonné à l'anglaise. **4 fr.**

Grossesse et Accouchement
Étude de socio-biologie et de médecine légale.

Par le Dr G. MORACHE
Professeur de médecine légale à la Faculté de médecine de Bordeaux, Membre associé de l'Académie de médecine.

1 vol. in-16, cartonné à l'anglaise............................ **4 fr.**

De toutes les questions connexes à la biologie et aux sciences sociales, il en est peu qui mettent autant en relief leurs conditions communes que l'étude de la femme en voie de gestation, puis au moment et après la fin de la grossesse, à la période de l'accouchement. Nombre de questions peuvent se poser à cet égard : elles importent, au plus haut point, à la sécurité de la mère, à celle de l'enfant, et prennent une intensité plus poignante encore si l'on envisage la responsabilité des actions que peut accomplir la femme ainsi placée dans l'anormalité physiologique. Les sociétés humaines émancipées par l'idée scientifique ne peuvent rester indifférentes devant la situation de la femme, alors surtout qu'elle remplit sa mission naturelle au péril de sa santé et parfois de sa vie.

Envoi franco contre mandat-poste.

Naissance et Mort

Étude de socio-biologie et de médecine légale.

Par *le même.*

1 vol. in-16, cartonné à l'anglaise................................. **4 fr.**

L'auteur soulève, au cours de son ouvrage, bien des questions accessoires, en particulier celles qui ont trait aux rapports biologiques reliant les générations les unes aux autres, les filiations, les hérédités. Entre toutes, la recherche de la paternité l'arrête d'une façon particulière. — Il combat généreusement cette idée d'après laquelle le bâtard, véritable paria social, se voit reprocher sa « honte » et la « faute » de sa mère, tandis que son père inconnu, seul coupable, traverse l'existence entouré du respect de tous.

La Responsabilité

Étude de socio-biologie et de médecine légale

Par *le même.*

1 vol. in-16, cartonné à l'anglaise................................. **4 fr.**

Le but de cet ouvrage est d'apprécier les différents facteurs qui peuvent intervenir dans la question, les principaux d'entre eux surtout. Or les facteurs de responsabilité aboutissent à un même point : la déchéance physique de l'individu. La criminalité peut donc être regardée comme une maladie morale, elle tient à la pathologie sociale. Nous pouvons alors lui appliquer des procédés analogues à ceux que nous utilisons pour combattre la morbidité matérielle.

Si, comme tout tend à le démontrer, le facteur misère se trouve à l'origine des formes de criminalité, le terme étant pris dans sa plus large acception, c'est à combattre la misère dans toutes ses manifestations biologiques, que nous devons nous attacher ; peut-être parviendrons-nous ainsi à faire disparaître cette cause initiale, si longtemps poursuivie, de notre cruelle déchéance sociale : la criminalité.

Manuel d'Électrothérapie
et d'Electrodiagnostic

Par le Dʳ E. ALBERT-WEIL

1 vol. in-16, 2ᵉ édit., avec 88 gravures dans le texte, cart. à l'angl.. **4 fr.**
(*Récompensé par l'Académie de médecine*).

Le succès rapide de la 1ʳᵉ édition du *Manuel* du Dʳ Albert-Weil a montré que le plan du livre était heureusement conçu ; aussi a-t-il été rigoureusement suivi dans la 2ᵉ édition, mais de nombreux chapitres ont été ajoutés et d'autres entièrement modifiés pour être mis au courant des derniers progrès de l'électrothérapie.

Tous les chapitres ont été complétés ; ceux qui ont trait à la photothérapie et à la radiothérapie ont été les plus profondément modifiés, en particulier tout ce qui concerne la radiothérapie (méthode, modes d'application, procédés de protection, de mesure), a été très longuement et très complètement exposé.

Envoi franco contre mandat-poste.

De l'Exercice chez les Adultes

Par le Dr Fernand LAGRANGE
Lauréat de l'Institut.

1 vol. in-16, 6e édition, cartonné à l'anglaise...................... 4 fr.

Les livres de M. Lagrange ont toujours beaucoup de succès auprès du grand public, à qui nous n'avons pas craint de recommander le présent volume d'une façon spéciale. Comme il n'est personne qui ne soit, sinon arthritique, ou goutteux, ou obèse, ou dyspeptique, ou diabétique, ou essoufflé, ou quelque peu névrosé, du moins candidat à quelqu'une de ces petites infirmités avec lesquelles il faut passer une partie de l'existence, chacun voudra savoir comment il devra se comporter pour rendre cette partie la plus supportable et la plus longue possible. (*Revue Scientifique.*)

Hygiène de l'Exercice

Chez les Enfants et les Jeunes gens

Par *le même.*

1 vol. in-16, 7e édition, cartonné à l'anglaise...................... 4 fr.

Les jeunes gens doivent pratiquer des exercices physiques destinés à fortifier leur santé, des exercices hygiéniques et non pas athlétiques, M. le docteur Lagrange développe cette saine doctrine en un charmant petit volume que je viens de lire avec le plus grand plaisir, et je le recommande aux méditations de toutes les mères de famille et même des pères qui ont le temps de s'occuper de leurs enfants.

Dr G. Daremberg (*Les Débats*).

La Fatigue et l'Entraînement physique

Par le Dr Philippe TISSIÉ
Chargé de l'inspection des exercices physiques dans les lycées et collèges de l'Académie de Bordeaux.

Précédé d'une lettre-préface de M. le Professeur Ch. Bouchard, de l'Institut.

1 vol. in-16, 3e édit. avec gravures dans le texte, cartonné à l'anglaise. 4 fr.
(*Ouvrage couronné par l'Académie de médecine.*)

L'auteur traite successivement de l'entraînement physique, de l'entraînement intensif, de la fatigue chez les débiles nerveux (fatigue d'origine physique, fatigue d'origine psychique, hygiène du fatigué), des méthodes en gymnastique (méthode suédoise, méthode française, méthode psychodynamique qu'il a créée et qui repose sur les réactions nerveuses de chaque groupe d'individus), de l'entraînement physique à l'école, de l'hérédité.

Envoi franco contre mandat-poste.

L'Éducation physique de la Jeunesse

Par A. MOSSO, professeur à l'Université de Turin.

1 vol. in-16, cartonné à l'anglaise................................... **4 fr.**

L'auteur aborde les problèmes scientifiques et sociaux les plus variés, sans en excepter les problèmes physiologiques pour lesquels sa compétence est universellement reconnue et appréciée. La préface du commandant Legros, montrant l'importance de ces questions au point de vue militaire, complète utilement les chapitres consacrés par l'auteur à l'éducation et au développement des forces physiques du soldat.

L'Hygiène sexuelle

et ses conséquences morales

Par le Dr SEVED RIBBING, Professeur à l'Université de Lund (Suède).

1 vol. in-16, 3e édition, cartonné à l'anglaise..................... **4 fr.**

Le livre du Dr Ribbing, qui effleure tous les sujets, qui prend et étudie l'homme et la femme depuis leur naissance à la vie sexuelle jusqu'au déclin de leur virilité et de leurs facultés, sera lu avec un vif intérêt aussi bien par les médecins que par les personnes qu'intéressent les problèmes sociaux.

Ce petit ouvrage contient des documents statistiques et littéraires très bien dressés, et possède une allure que la nationalité de son auteur rend particulièrement piquante.

La Mort réelle et la Mort apparente

Nouveaux procédés de diagnostic et traitement de la mort apparente

Par le Dr S. ICARD

1 vol. in-16, avec gravures dans le texte, cartonné à l'anglaise...... **4 fr.**

(Ouvrage récompensé par l'Institut.)

M. Icard passe d'abord en revue tous les signes de la mort connus jusqu'ici; il en discute la valeur et l'importance. Puis il expose ses recherches personnelles et décrit une nouvelle méthode dont il est l'auteur; il en démontre la certitude par des preuves expérimentales et cliniques et en fait l'application au diagnostic des principaux états de mort apparente.

L'ouvrage se termine par l'étude de la mort apparente et par l'exposé des lois et des mesures administratives qui, chez les différents peuples et plus spécialement en France, président aux inhumations.

Envoi franco contre mandat-poste.

L'Éducation rationnelle de la Volonté

Son Emploi thérapeutique

Par le Dr Paul-Émile LÉVY, ancien interne des hôpitaux.

Préface de M. le Professeur BERNHEIM, de Nancy.

1 vol. in-16, 6e édition, cartonné à l'anglaise...................... **4 fr.**

L'auteur s'est proposé de montrer qu'il nous est possible de préserver de bien des atteintes notre être moral et physique et, s'il arrive quelque mal à l'un ou à l'autre, de tirer de notre propre fonds soulagement ou guérison.

Il s'agit en somme d'une éducation de la volonté, mais en spécifiant que celle-ci doit et peut agir sur les maux de notre corps comme sur ceux de notre esprit; la thérapeutique du corps par l'esprit ou thérapeutique psychique, appuyée sur l'auto-suggestion, peut rendre les plus grands services.

Les Embolies bronchiques
tuberculeuses

Par le Dr **Ch. SABOURIN**,
Directeur du Sanatorium de Durtol (Puy-de-Dôme).

1 vol. in-16, avec gravures, cartonné à l'anglaise.................. **4 fr.**

Les lésions tuberculeuses primitives du poumon sont nodulaires, disséminées par leur forme et leur évolution; les lésions tuberculeuses secondaires du poumon sont au contraire d'apparence pneumonique. C'est ce type pneumonique secondaire que l'auteur met en relief et auquel il assigne une pathogénie spéciale.

La pneumonie tuberculeuse nécrosante paraît être une lésion de fatigue, de surmenage, car on peut dire en thèse presque absolue que le tuberculeux soumis à la cure hygiénique bien ordonnée n'en n'est jamais atteint.

Aussi, après une étude des pneumonies nécrosantes en général, basée sur des séries d'observations, l'auteur arrive-t-il à cette conclusion capitale que la forme pneumonique de la phtisie ne se montrerait que dans des cas tout exceptionnels, si la tuberculose du poumon était toujours soignée à temps et de façon rationnelle.

Dans un autre chapitre sont décrites en particulier les pneumonies nécrosantes de la région scissurale qui tiennent une si grande place dans l'histoire de la phtisie.

Envoi franco contre mandat-poste.

Pratique de la Chirurgie courante

Par le Dr M. CORNET

Préface de M. le Professeur OLLIER.

1 fort vol. in-16, avec 101 figures, cartonné à l'anglaise............ **4 fr.**

Depuis vingt ans, la pratique chirurgicale a été renouvelée par l'introduction de l'antisepsie, qui a changé complètement les résultats de certaines opérations et étendu le champ de l'intervention du praticien ; tout a été transformé dans la technique usuelle ; la forme et la matière des objets de pansement, la manière de les préparer et de s'en servir. Ce sont les nouvelles méthodes qu'il importe aujourd'hui de répandre et de vulgariser en indiquant les différents moyens par lesquels on peut arriver au but, sans se perdre dans la description des nouvelles substances antiseptiques que l'on propose de toutes parts. et dans la discussion des nouveaux procédés que chaque jour voit éclore. L'idée de l'asepsie, qui n'est autre que la propreté absolue, vient simplifier la question et dispenser de l'emploi des antiseptiques dans les plaies simples qui ne demandent qu'à se réunir. M. Cornet expose, dans un chapitre spécial, les moyens par lesquels on peut se passer des pansements coûteux, des appareils compliqués et embarrassants.

L'Intubation du Larynx

dans les sténoses laryngées aiguës et chroniques de l'enfant et de l'adulte

Par le Dr A. BONAIN

Chirurgien-adjoint de l'hôpital civil de Brest,
Chargé du service des maladies du nez, des oreilles et du larynx.

1 vol. in-16, avec 46 figures, cartonné à l'anglaise. . . . . **4 fr.**

L'auteur ne s'est pas borné à étudier la question au point de vue du croup chez l'enfant; il s'occupe de toutes les sténoses où l'intubation peut être appliquée aussi bien chez l'adulte que chez l'enfant. Il étudie en particulier la physiologie du larynx dans ses rapports avec l'intubation. Il est impossible de bien comprendre et d'appliquer, en effet, avec fruit, la méthode de d'O'Dwyer, si l'on n'a pu se rendre un compte exact de la conformation du larynx présentant chez l'enfant des particularités dignes d'attention, des rapports de cet organe avec la forme du tube, enfin des perturbations physiologiques que celui-ci engendre dans son fonctionnement. C'est ainsi que la théorie de la fixation du tube dans le larynx a des conséquences pratiques de la plus haute importance.

Une des parties les plus intéressantes de l'ouvrage est certes celle qui a trait à la pratique de l'intubation dans la clientèle.

Envoi franco contre mandat-poste.

Les Maladies de l'Urèthre et de la Vessie chez la Femme

Par le Dr KOLISCHER

Traduit de l'allemand
Par le Dr BEUTTNER, privat-docent à l'Université de Genève.

1 vol. in-16, avec gravures dans le texte, cartonné à l'anglaise...... **4 fr.**

Ce petit volume est la mise en lumière des théories de Schauta, qui voua dans sa clinique de Vienne une attention particulière aux maladies des organes urinaires de la femme. L'auteur débute par les règles générales de l'examen de l'urèthre et de la vessie, puis il étudie les diverses maladies de ces régions. Incontinence, énurésis, uréthrite, rétrécissement, calculs uréthraux, — catarrhe, œdème, inflammation, cystites gonorrhéique et tuberculeuse, calculs vésicaux, hémorroïdes, hernies, pneumaturies, ruptures, sont successivement examinés par le docteur Kolischer, qui expose des procédés de traitement encore peu connus.

Cours de Médecine opératoire
de la Faculté de Médecine de Paris

Par M. le professeur Félix TERRIER
Membre de l'Académie de médecine, Chirurgien de la Pitié.

Petit Manuel
d'Antisepsie et d'Asepsie chirurgicales

En collaboration avec **M. PÉRAIRE**, ancien interne des hôpitaux de Paris.

1 vol. in-12, avec gravures dans le texte, cartonné à l'anglaise....... **3 fr.**

L'ouvrage est divisé en quatre parties : I. Méthode antiseptique telle que l'a formulée Lister, et modifications apportées à cette méthode. — II. Asepsie. — III. Méthode mixte. — IV. Application des principes antiseptiques et aseptiques à chaque région en particulier.

Petit Manuel d'Anesthésie chirurgicale
Par les mêmes.

1 vol. in-12, avec 37 gravures dans le texte, cartonné à l'anglaise.. **3 fr.**

L'Opération du Trépan
Par les mêmes.

1 vol. in-12, avec 222 gravures dans le texte, cartonné à l'anglaise.. **4 fr.**

TABLE DES MATIÈRES : I. Histoire de la trépanation depuis les temps préhistoriques. — II. Description des circonvolutions et des localisations

Envoi franco contre mandat-poste.

cérébrales et étude de la topographie cranio-cérébrale. — III. Manuel opératoire et description des instruments actuellement employés ; opérations nouvelles destinées à remplacer, jusqu'à un certain point, l'opération du trépan, ou à la compléter. — IV. Indications et contre-indications de l'opération du trépan.

Chirurgie de la Face

En collaboration avec MM. GUILLEMAIN, chirurgien des hôpitaux, et MALHERBE, ancien interne des hôpitaux de Paris.

1 vol. in-12, avec 214 gravures dans le texte, cartonné à l'anglaise... **4 fr.**

Les différents chapitres traitent successivement de la chirurgie des maxillaires, des lèvres, des joues, de la bouche et du pharynx, du nez, des fosses nasales et de leurs annexes les sinus de la face.

Chirurgie du Cou
Par les mêmes.

1 vol. in-12, avec 101 gravures dans le texte, cartonné à l'anglaise... **4 fr.**

TABLE DES MATIÈRES : I. *Chirurgie des voies aériennes* : laryngoscopie, cathétérisme et dilatation des voies aériennes, traitement endo-laryngé et extra-laryngé des polypes et tumeurs du larynx, laryngotomies, laryngectomies, trachéotomie. — II. *Chirurgie du corps thyroïde* : thyroïdectomie, exothyropexie, indications thérapeutiques du goitre. — III. *Chirurgie de l'œsophage.* — IV. *Chirurgie des vaisseaux, des ganglions lymphatiques, des muscles et nerfs du cou :* ligature des artères, anévrismes, torticolis, etc.

Chirurgie de la Plèvre et du Poumon

En collaboration avec M. E. REYMOND, ancien interne des hôpitaux de Paris.

1 vol. in-12, avec 67 gravures dans le texte, cartonné à l'anglaise... **4 fr.**

Les auteurs ont reproduit les leçons professées par M. Terrier à la Faculté de médecine de Paris. Ces leçons intéressent à la fois les médecins et les chirurgiens, certaines opérations sur la plèvre étant restées dans le domaine de la médecine.

Les différents chapitres sont consacrés à *la thoracocentèse*, à *la pleurésie purulente* et à *la pleurotomie*, à *la thoracoplastie*, à *la chirurgie de la plèvre pulmonaire*, aux *interventions pour les plaies du poumon*, à *la pneumotomie*, à *la pneumectomie*.

Chirurgie du Cœur et du Péricarde
Par les mêmes.

1 vol. in-12, avec 79 gravures dans le texte, cartonné à l'anglaise... **3 fr.**

Les auteurs débutent par les généralités relatives à la *chirurgie du péricarde* ; puis ils donnent le manuel opératoire de la chirurgie du péricarde, les indications et les complications de la thoracocentèse ; ils traitent ensuite de la péricardotomie avec ou sans résection des cartilages costaux, du manuel opératoire, des soins consécutifs et des indications.

Pour la *chirurgie du cœur*, ils étudient successivement le traitement des plaies, les plaies abandonnées à elles-mêmes, leur traitement sans opérations, les sutures du cœur, les interventions sur le cœur en dehors des plaies, etc.

Envoi franco contre mandat-poste.

E. BOUCHUT
Médecin de l'hôpital des Enfants-Malades,

Armand DESPRÉS
Chirurgien de l'hôpital de la Charité.

Professeurs agrégés à la Faculté de Médecine de Paris.

DICTIONNAIRE DE MÉDECINE

ET DE THÉRAPEUTIQUE

MÉDICALE ET CHIRURGICALE

Comprenant le résumé de toute la Médecine et de toute la Chirurgie, les indications thérapeutiques de chaque Maladie, la Médecine opératoire, les Accouchements, l'Oculistique, l'Odontotechnie, l'Électrisation, la Matière médicale, les Eaux minérales,

UN FORMULAIRE SPÉCIAL POUR CHAQUE MALADIE
ET UN APPENDICE SUR LA THÉRAPEUTIQUE AU XIX⁰ SIÈCLE

Avec 1097 gravures d'anatomie pathologique, de bactériologie, de médecine opératoire, d'appareils chirurgicaux, d'obstétrique, de botanique, etc.

SEPTIÈME ÉDITION (1907)

Mise au courant de la Science

PAR LES DOCTEURS

G. MARION
Professeur agrégé à la Faculté de médecine,
Chirurgien des hôpitaux de Paris.

et

FERNAND BOUCHUT

Un magnifique volume in-4° de 1575 pages, imprimées sur deux colonnes, avec 1097 gravures dans le texte.

PRIX : BROCHÉ, **25** FRANCS ; RELIÉ, **30** FRANCS.

Envoi franco contre mandat-poste.

MANUEL DE PETITE CHIRURGIE

8ᵉ Édition, illustrée de 572 gravures dans le texte.

PAR

F. TERRIER et **M. PÉRAIRE**

Professeur de clinique chirurgicale
à la Faculté de médecine de Paris,
Chirurgien des hôpitaux,
Membre de l'Académie de médecine.

Ancien interne
des hôpitaux de Paris,
Ex-assistant
de consultation chirurgicale

1 fort vol. in-12 de 1044 pages, cartonné à l'anglaise.. **8 fr.**

PUBLICATIONS PÉRIODIQUES

Revue de Médecine

Directeurs : MM. les professeurs BOUCHARD, BRISSAUD, CHAUVEAU,
Rédacteurs en chef : MM. LANDOUZY et LÉPINE.
Secrétaire de la rédaction : Dʳ JEAN LÉPINE.

Revue de Chirurgie

Directeurs : MM. les professeurs BERGER, PONCET QUÉNU, LEJARS,
PIERRE DELBET et PIERRE DUVAL.
Rédacteur en chef : M. QUÉNU.
Secrétaire de la rédaction : M. X. DELORE.
28ᵉ année, 1908.
ABONNEMENT :

Pour la Revue de Médecine.	Pour la Revue de Chirurgie.
Un an, Paris. . . . . . **20 fr.**	Un an, Paris. . . . . . **30 fr.**
Un an, départements et étranger. **23 fr.**	Un an, départements et étranger. **33 fr.**

Les deux Revues réunies : un an, Paris, 45 fr. départ. et étranger, 50 fr.
Paraissent tous les mois.

Journal de l'Anatomie
et de la Physiologie normales et pathologiques

DE L'HOMME ET DES ANIMAUX

Publié par MM. les professeurs E. RETTERER et F. TOURNEUX.
Avec le concours de MM. les Professeurs. A. BRANCA et A. SOULIÉ
et de M. le Dʳ G. LOISEL.
44ᵉ année, 1908.
ABONNEMENT : Un an : Paris, 30 fr. ; départements et étranger, 33 fr.
Paraît tous les deux mois avec gravures et planches hors texte.

Journal de Psychologie
normale et pathologique

DIRIGÉ PAR LES DOCTEURS

Pierre JANET et **G. DUMAS**

Professeur de psychologie au Collège de France.   Chargé de cours à la Sorbonne.

Paraît tous les deux mois, par fascicules de 100 pages.
5ᵉ année, 1908.
ABONNEMENT : Un an, 14 fr.

Envoi franco contre mandat-poste.

1376-08. — Coulommiers. Imp. PAUL BRODARD. — 10-08.

www.ingramcontent.com/pod-product-compliance
Lightning Source LLC
Chambersburg PA
CBHW050500270326
41927CB00009B/1834